Recupere sua VIDA INTERIOR

Abby Seixas

Recupere sua VIDA INTERIOR

Tradução
Maria Clara De Biase W. Fernandes

CIP-Brasil. Catalogação-na-fonte
Sindicato Nacional dos Editores de Livros, RJ.

S464r Seixas, Abby, 1950-
Recupere sua vida interior: um guia para a mulher reencontrar o equilíbrio e dar sentido à vida cotidiana/Abby Seixas; tradução de Maria Clara de B. W. Fernandes. – Rio de Janeiro: Best*Seller*, 2008.

Tradução de: Finding the deep river within
ISBN 978-85-7684-063-3

1. Mulheres – Conduta. 2. Mulheres – Psicologia. 3. Exercícios espirituais. I. Título.

08-1042
CDD – 155.633
CDU – 159.923-055.2

Título original
FINDING THE DEEP RIVER WITHIN
Copyright © 2006 by Abby Seixas.

Capa: Luciana Mello & Monika Mayer
Editoração eletrônica: DFL

Todos os direitos reservados. Proibida a reprodução,
no todo ou em parte, sem autorização prévia por escrito da editora,
sejam quais forem os meios empregados.

Direitos exclusivos de publicação em língua portuguesa para o Brasil
adquiridos pela
EDITORA BEST SELLER LTDA.
Rua Argentina, 171, parte, São Cristóvão
Rio de Janeiro, RJ – 20921-380
que se reserva a propriedade literária desta tradução

Impresso no Brasil

ISBN 978-85-7684-063-3

Agradecimentos

Escrever este livro foi uma experiência de gratidão e graça, assim como de paciência e perseverança. A parte difícil foi me sentar ao computador, dia após dia. A dádiva notável foi o gentil apoio de tantas pessoas generosas e admiráveis.

Primeiro quero agradecer a todas as mulheres — clientes e membros do grupo — que me confiaram suas histórias. Suas lutas e vitórias foram em grande parte a inspiração para escrever este livro. Ao me basear nessas experiências, mudei nomes e outras informações que poderiam identificá-las e, em alguns casos, criei exemplos para ilustrar pontos específicos. Mas os detalhes das idéias deste livro vêm de vocês. Eu lhes sou grata por sua disposição de partilhar tanto de si mesmas comigo e por seu entusiasmo e incentivo para escrevê-lo!

Vários anos atrás, tive uma conversa com Bill Joiner que, embora eu não soubesse na época, foi o momento da concepção deste livro. Sou grata pelas obras misteriosas do Espírito que nos levaram a ajudar um ao outro a pôr nossas idéias no papel e a você, Bill, por seu apoio ao longo desse caminho.

Agradeço a Halé e Steven Schatz, que, junto com Bill, me levaram à minha agente, Sabine Hrechdakian. Halé, também lhe sou grata por escrever um livro antes de mim!... e por sua generosidade em ensinar o que aprendeu.

Obrigada a você, Sabine, agente extraordinária, por perceber, desde o início, como este livro poderia ajudar as mulheres. Sou grata por seu firme entusiasmo, bons conselhos e pacientes explicações sobre como funciona o mundo editorial. Sei que nem sempre se pode contar com tanto apoio de uma agente, me considero uma pessoa de sorte.

Também agradeço à equipe da Jossey-Bass, inclusive à minha maravilhosa editora, Sheryl Fullerton. Sheryl, você foi não só uma editora, mas uma professora que me fez escrever melhor. Sua orientação sábia e delicadeza foram a combinação certa para me fazer seguir em frente. O resultado é uma autora agradecida e um livro melhor. Obrigada por sua sabedoria, paciência e talento para redigir.

Minha capacidade de escrever um livro sobre a força sustentadora do Rio Interior só foi possível devido a *outra* força sustentadora em minha vida: meu círculo de amizades, familiares e colegas. Há muitos nesse círculo por cujo incentivo sou profundamente grata. Agradeço a todos vocês — pessoas demais para citar aqui — pela dádiva da presença em minha vida. Entre essas pessoas, agradeço às que se seguem, não só por seu apoio geral a este projeto, mas também pela ajuda de modos específicos: Jean Guenther, por seu incentivo à aceitação dos sentimentos e seus cartões, telefonemas e outros modos de torcer e vibrar, com e sem microfone; John Firman e Ann Gila, por lerem, no início, partes do manuscrito, endossando-o desde cedo e ajudando com questões relacionadas à psicossíntese; Toni Brooks, por me ajudar a descobrir leitoras externas; Kate Wylie, pela colaboração em relação à presença no Capítulo Oito; Anne Yeomans, por ajudar com a parte sobre nosso papel como mulheres no Capítulo Dez; Rachel Naomi Remen, por ler o manuscrito, aprová-lo e auxiliar no nascimento deste livro com sua recomendação; Jeff Rossman, por enviar mulheres para meus grupos e endossar desde o início meu trabalho e este livro; Marilyn e Bob Kriegel, por seus ótimos conselhos sobre como espalhar a notícia e seu incentivo para fazê-lo; e Didi Firman, a quem sou profundamente grata por seu inequívoco apoio a este projeto desde o começo, por ler o manuscrito no final e por seu feedback sensato e útil.

Também agradeço a Dana Standish, por editar o livro em meio a crises muito mais importantes e fazer um trabalho incrível; Susan Callaghan, por se juntar ao grupo com total disposição de ajudar a redesenhar o Diagrama do Rio Interior; Jenifer Lippincott, por dar dicas de como escrever propostas e defender meus interesses quando eu procurava um agente; Julie Cancio, por me ajudar em situações tão difíceis como as buscas de permissões; e Pat Reinstein, por sua colaboração para o Capítulo Seis e todo o trabalho que veio antes. Embora eu não soubesse disso na época, tudo foi uma preparação para realizá-lo. Também sou profundamente grata a Emily Hutcheson, que, literal e figurativamente, deu comigo cada passo para escrever este livro. Obrigada por ser uma ouvinte incansável, ler o manuscrito e por sua amizade constante.

Agradeço a meus irmãos, Peter e Noah Seixas, por perguntarem "Como está indo o livro?" e realmente desejarem ouvir a resposta; minha mãe, Judith Seixas, por sua paciência enquanto eu tocava este projeto — eu me orgulho de seguir seus passos como escritora principiante na casa dos cinqüenta; e a meu finado pai, Frank Seixas, que me teria apoiado nisto como me apoiou em tudo que fiz enquanto estava vivo. E agradeço a Rachel e Eli Horowitz — pela alegria que vocês me dão e por deixarem o ninho vazio na hora certa.

Há duas pessoas a quem quero fazer um agradecimento do tipo "sem-quem-isso-não-poderia-ter-sido-feito". A primeira é Sara Hunter, meu anjo do livro. Um dia fui tomar chá com ela e, de algum modo, saí de lá pronta para escrevê-lo. Sou-lhe muito grata por conduzir a centelha misteriosa que o produziu; por me orientar durante a etapa da proposta; por aconselhar, editar e partilhar seus conhecimentos sobre os processos de escrita e publicação; por fazer uma revisão final do manuscrito; e por sempre me animar com seu otimismo contagiante. No início, eu ficava maravilhada com o modo com que você dedicava seu tempo e atenção tão espontânea e plenamente. Agora vejo que isso é apenas seu modo de viver. Sou abençoada por ter estado no lugar e no momento certos para receber sua cordial atenção.

Finalmente, sou grata a — e por — meu marido e parceiro de vida, Mark Horowitz. Seu carinhoso apoio, seu entusiástico "sim" para este projeto — originalmente a idéia dos grupos do Rio Interior — e tudo que promoveu meu crescimento, pessoal e profissional, é uma dádiva inestimável para toda a vida. Obrigada por sua disposição de ser meu primeiro leitor e editor de cada palavra; por usar sua inteligência e seu bom senso sempre que foram necessários; por estimular-me gentilmente; por suportar minha resistência quando algo tinha de ser corrigido; por ter ótimas idéias e conversar comigo a qualquer hora do dia ou da noite quando eu não conseguia prosseguir; por enfrentar as crises do meu computador como se fossem suas (também a qualquer hora do dia ou da noite); por ajudar-me a não me atrapalhar; por celebrar minhas vitórias; e por demonstrar empatia em relação a meus esforços. Não sei como tive tanta sorte de viver com uma pessoa tão nobre. E, só para lembrar, foi *você* quem me disse, muito antes de qualquer outra pessoa e de eu estar pronta para isso, que eu tinha um livro a escrever.

Sumário

Exercícios e práticas do Rio Interior	11
Introdução	15
Parte Um — A ânsia pela esfera do Rio Interior	23
1. A doença das mil coisas a fazer	25
2. O Rio Interior	37
3. O começo	53
Parte Dois — O contato com o Rio Interior: as práticas	69
4. Introspecção	71
5. Estabeleça limites	89
6. Aceite os sentimentos	109
7. Modere suas expectativas sobre si mesma	129
8. Pratique a presença	153
9. Faça algo que você ama	175
Parte Três — Mantenha o Rio Interior fluindo	193
10. Além do autocuidado	195

Registro das vitórias	211
Notas	213
Leitura recomendada	221
A autora	229
Índice remissivo	231

Exercícios e práticas do Rio Interior

Capítulo 1 — *A doença das mil coisas a fazer*

Exercício: "A lista das tarefas que eu *fiz*" 34
Exercício: Registre o ritmo de sua vida 34

Capítulo 2 — *O Rio Interior*

Exercício: Reviva uma experiência do Rio Interior 50

Capítulo 3 — *O começo*

Práticas preliminares:
    Reconhecer o poder da cultura 53
    Obter apoio para o processo do Rio Interior 55
    Manter um diário 57

Exercício: Vá além de "Não tenho tempo para isso!" 65
Exercício: Comece um diário, registre uma vitória 67

As seis práticas do Rio Interior

Capítulo 4 — *Introspecção*

Exercício: Arranje tempo para a introspecção 84

Capítulo 5 — *Estabeleça limites*

Exercício: Descubra seu delimitador interno 103
Exercício: Pratique o "não" 105

Capítulo 6 — Aceite os sentimentos

Exercício: Respiração consciente	122
Exercício: Pratique a aceitação dos sentimentos	123
Parte 1: Volte-se para um sentimento difícil	123
Parte 2: Aceite os sentimentos do momento	126

Capítulo 7 — Modere suas expectativas sobre si mesma

Alguns modos de identificar as expectativas	146
Alguns modos de ser menos rígida nas expectativas	147
Exercícios para ajudar você a não esperar tanto de si mesma	149
Exercício: Do "deveria" para o "poderia"	149
Exercício: Olhar *wabi-sabi*	150

Capítulo 8 — Pratique a presença

Exercício: A experiência surpreendente de comer uma uva-passa	169
Exercício: Pratique a presença na vida cotidiana	171
Exercício: Uma coisa de cada vez	172
Exercício: A câmera imaginária	172

Capítulo 9 — Faça algo que você ama

Exercício: O que eu amo?	188
Exercício: A colagem "O Que Eu Amo"	191
Exercício: Faça isso!	191

*Para Rachel e Eli,
sua geração e aqueles que se seguirem.
Que o rio possa continuar a fluir.*

Introdução

Eu dormi bem até ter filhos. Como muitas outras mães, após seis ou oito anos de sono interrompido, ou que poderia ser facilmente interrompido, o hábito de acordar à noite se tornou profundamente arraigado. Ao longo dos anos, em minhas privações do sono, tenho tentado de todos os modos lidar com o fato de estar acordada contra a vontade — de contar de trás para frente respirando profundamente a tomar remédios para dormir. Freqüentemente, nesses momentos insones, minha mente antecipa ansiosamente tudo que tenho de fazer no dia seguinte, o *quanto* está na lista, como poderei me sentir *cansada* se não voltar a dormir — o que significará deixar ainda mais tarefas por fazer ao chegar a duras penas ao fim do dia... e assim por diante. Por razões óbvias, esses pensamentos não me acalmam nem conduzem de volta a um sono profundo e repousante.

Mas, de vez em quando, tenho uma experiência muito diferente no meio da noite. Saio da cama, desço as escadas, me enrolo em um cobertor e sento no divã da sala de estar. Às vezes, acendo uma vela ou me sento no escuro. Em outras noites, medito, mas geralmente fico apenas sentada. Quando, com as pálpebras pesadas, rendo-me ao fato de estar acordada, algo muda dentro de mim. Descubro que não estou mais lutando comigo mesma e com a noite. Relaxo e começo a perceber como tudo está quieto. No silêncio, meu corpo amolece e respiro mais profundamente. Sinto-me como se estivesse mergulhando em mim mesma, indo ao encontro de um velho, querido e fiel amigo. Às vezes penso em minha vida, mas quase sempre sinto apenas gratidão por *ter* uma vida, estar viva. Ou apenas fico sentada tendo uma experiência difícil de descrever. É como se eu estivesse me reencontrando, voltando para mim mesma. Essa sensação de plenitude ou integralidade faz a falta de sono parecer menos problemática do que era uma hora antes. Com freqüência volto para a cama. Independentemente do fato de voltar a dormir ou não, sinto-me bastante renovada.

Quando mergulho em mim mesma nessas horas silenciosas da noite, é como se tivesse chegado a um Rio Interior que flui caudalosamente por baixo da agitação de minha vida cotidiana. Nos momentos em que me permito experimentar plenamente esse rio, entro em contato não só comigo mesma e com o que importa mais para mim, como também com uma forte corrente de silêncio, mistério, clareza e vida... Pareço chegar a uma fonte universal, disponível para todos nós, de qualidades espirituais extremamente sustentadoras que podem ser um bálsamo curativo para nossa vida desequilibrada. Embora esse tipo de experiência ocorra a qualquer hora do dia ou da noite, não pode ser simplesmente acrescentada à lista de tarefas a fazer entre a saída do trabalho e a ida ao supermercado. Só experimentamos esse tipo de conexão quando nos permitimos ter tempo para isso, o que é cada vez mais raro em nossa vida de horários apertados. Contudo, precisamos desesperadamente *arranjar* esse tempo, porque o sustento que dá é um antídoto crucial para nosso estilo de vida frenético e a cultura que alimenta esse ritmo incessante.

Este livro é sobre desacelerar — um guia para você se livrar da tirania das listas de tarefas e usar os recursos que todos nós possuímos na vida cotidiana. Quando nos sentimos oprimidas e sem controle, ajuda saber como nos afastar da agitação e ganhar perspectiva suficiente para lembrar de nossas verdadeiras prioridades. Temos esse senso de perspectiva dentro de nós. Quando o movimento contínuo de tentar realizar as tarefas nos atordoa, ajuda saber como encontrar tranqüilidade. Temos essa tranqüilidade dentro de nós. Quando nos sentimos à mercê das exigências dos outros, ajuda saber como nos centrar e reagir com lucidez. Temos essa lucidez dentro de nós. Esses são os tipos de recursos que fluem da esfera do Rio Interior. Este livro é um guia para entrarmos em contato com a dimensão de nosso ser em que residem essas qualidades espirituais. Explicará o que é o Rio Interior e por que ele é importante — para nós e para nossos relacionamentos — e apresentará ferramentas práticas para termos acesso mais regularmente a essa esfera e nos tornarmos mais receptivas a ela quando intervier subitamente em nossa rotina de vida.

O programa descrito nestas páginas se baseia em meus mais de 25 anos de experiência em orientar mulheres em minha clínica particular, em sessões de treinamento individual e workshops para grupos e organizações. Seus princípios se baseiam nos grupos do Rio Interior que eu criei e conduzi para um grande número de mulheres na última década. Nesse trabalho, vi muitas mulheres que, devido à agitação crônica, e à cultura que a estimula, se desligam de aspectos essenciais de si mesmas. Sentem-se desconectadas de seus sentimentos mais profundos, de suas possibilidades criativas, de sua sustentação espiritual e de seu senso de profundidade e sentido que torna compensador o que elas fazem com seu tempo. Essa falta de conexão com o eu tende a influenciar negativamente os relacionamentos com parceiros, filhos, colaboradores, amigos e outros membros da família. Em resumo, quando perdemos o contato com nós mesmas, sofremos, mas nossos relacionamentos também sofrem. Embora muitas mulheres reconheçam intuitivamente — ao realizar superficialmente as atividades da vida em uma velocidade vertiginosa e com pouca alegria — que há um profundo desequilíbrio em seu modo de viver, com freqüência não conseguem identificar a causa do mal-estar ou encontrar remédios eficazes. O contato com o Rio Interior é um antídoto para essa experiência de vida desconexa e fragmentada. Dá mais satisfação e sentido à vida, mais compaixão e união aos relacionamentos e maior amplitude aos ritmos da vida que nossa rotina diária raramente proporciona.

O Capítulo 1 expõe o problema cultural das "coisas demais para fazer em pouco tempo", mostrando como nos afeta como mulheres, e como buscamos soluções que freqüentemente são parte do problema.

O Capítulo 2 sugere uma solução alternativa e apresenta a esfera do Rio Interior, explicando o que é e por que é tão importante. Esse capítulo também explica por que desacelerar — o que todas nós achamos necessário, mas temos dificuldade em fazer — é a chave para descobrirmos nosso centro espiritual e travarmos contato com o Rio Interior.

O Capítulo 3 apresenta três portais preliminares para a esfera do Rio Interior: reconhecer o poder da cultura, obter apoio e manter um diário. Eles preparam o caminho para as seis práticas essenciais que se seguem.

Os Capítulos 4 a 9 apresentam as ferramentas essenciais para integrar a esfera do Rio Interior à vida cotidiana. As primeiras duas práticas — introspecção e estabelecimento de limites — tratam dos obstáculos *externos* à desaceleração, apresentando modos de parar e reestruturar a vida cotidiana para poder mergulhar no Rio Interior. Você descobrirá modos práticos de fazer escolhas melhores relacionadas com a rotina diária e de como gastar seu tempo. As próximas três práticas — aceitar os sentimentos, moderar suas expectativas sobre si mesma e praticar a presença — mostram como trabalhar com os obstáculos *interiores* à desaceleração. Você aprenderá a se sentir mais à vontade com as emoções difíceis, moderar as expectativas sobre si mesma e lidar com o tagarelar interior que nos distrai e impede de realmente estarmos presentes para as pessoas com quem nos importamos e para as atividades que compõem nossos dias. É essencial que você trate tanto da dimensão interior quanto da exterior para ser capaz de desacelerar e encontrar o equilíbrio no dia-a-dia. Ao integrar essas duas dimensões, a última prática — fazer algo que você adora — leva você a se expressar no mundo, ou "na superfície", de modos que surgem e se baseiam no Rio Interior. Quando há uma conexão entre o interior e o exterior, chegamos à fonte de profundidade e sentido da vida. O resultado é uma atividade satisfatória, renovadora e energizante que não fragmenta nem esgota.

Em meus anos de trabalho com mulheres em busca da conexão com o Rio Interior, descobri que elas precisam de outros dois tipos de ferramentas importantes: ferramentas para ajudá-las a reconhecer o que eu chamo de "crenças bloqueadoras" e exercícios para ajudá-las a assimilar os conceitos. As crenças bloqueadoras são suposições mentais e emocionais comuns que podem ser aparentemente benignas ("Eu não posso me divertir enquanto não fizer tudo da lista.") ou claramente prejudiciais ("Se eu não fizer tudo com perfeição, serei um total fracasso."). Todas elas impedem o progresso na direção de uma vida mais equilibrada, satisfatória e profunda. Em cada um dos capítulos sobre as práticas do Rio Interior, a parte das "Crenças Bloqueadoras" ajudará você a identificar suas próprias crenças, aprender a questioná-las ou contestá-las e, se conveniente, substituí-las por suposições mais úteis.

Os exercícios, que você pode fazer sozinha, com uma amiga ou em grupo, são ferramentas para começar a mudança em sua experiência diária. Eles lhe darão *insights* e conhecimento de como o processo do Rio Interior atua para você pessoalmente, levando-a a *experimentar* os conceitos para poder torná-los seus. E às vezes os exercícios são realmente divertidos!

Finalmente, o Capítulo 10 amplia as lentes através das quais o Rio Interior é visto, tirando-o do nível pessoal para o planetário, e discute as implicações desse trabalho para nossos filhos, nosso mundo e nosso futuro.

Uma nota sobre a leitura deste livro em grupo

Nos últimos 12 anos trabalhando com grupos, sempre me impressionei com o que as participantes ensinam umas às outras com suas experiências. O Capítulo 3 falará mais sobre a importância de você obter apoio quando redefine seu ritmo e rotina para ter uma vida mais equilibrada. Por enquanto, deixe-me apenas lhe dizer isto: você se beneficiará lendo este livro e fazendo os exercícios sozinha, porém mais ainda se encontrar alguém com quem possa lê-lo ou apenas para verificar periodicamente seu progresso. Você se beneficiará ainda mais se organizar um grupo de amigas ou apresentar o conceito do Rio Interior a um grupo de mulheres já existente, para que vocês possam ler o livro e fazer os exercícios juntas. Você não só ganhará com a sabedoria do grupo como o apoio mútuo lhe dará a força necessária para ir contra as rápidas correntes de nossa cultura.

Independentemente de como você escolher se engajar no processo de contatar o Rio Interior, espero que isso seja benéfico — para você e todas as vidas que você toca.

"Minha vida havia começado a parecer muito estagnada, como se estivesse atrofiada. Tudo se resumia aos papéis que eu representava. Eu tinha adorado representá-los... realmente tinha, mas eles estavam desaparecendo, e não eram realmente eu. Você entende? Eu sentia que devia haver uma vida por baixo da minha, como um rio subterrâneo ou algo desse tipo, e que eu morreria se não cavasse até ele."
— Sue Monk Kid

"Como nós passamos nossos dias é, com certeza, como levamos nossa vida."
— Annie Dillard

Parte Um

A ânsia pela esfera do Rio Interior

Quando introduzo algo novo em minha vida, acho proveitoso saber o máximo que puder sobre aquilo com que estou lidando; talvez aconteça o mesmo com você. Quando minha mente entende bem por que faz sentido realizar alguma coisa, sinto-me mais motivada a realizá-la. Esse é o objetivo da Parte Um. O capítulo 1 explica o que é preciso para você desacelerar e encontrar seu caminho para o Rio Interior em uma cultura dinâmica que se concentra no que é superficial, embora anseie por profundidade. O capítulo 2 faz uma descrição mais completa da esfera do Rio Interior, do fundamento lógico de ir até lá, e traça um mapa desse processo. O Capítulo 3 faz você começar e lhe mostra modos mais fáceis, eficazes e agradáveis de usar o material à frente.

Capítulo 1

A doença das mil coisas a fazer

> "Sempre me pareceu óbvio que, quanto mais rápido
> eu agisse, mais coisas poderia fazer e mais graça e sentido
> a vida teria. Mas cheguei ao ponto em que meus dias,
> cheios de todo tipo de atividade, parecem
> uma competição olímpica de resistência:
> uma maratona."
> — Jay Walljasper, *Utne Magazine*

Quando meus filhos tinham 2 e 5 anos, lembro-me de ter pensado: "Estou certa de que tinha uma vida interior. O que aconteceu com ela?" Eu costumava viver como quase todas as mulheres que conhecia.[1] Mais tarde, passei a chamar essa experiência de "vida de lista de afazeres". Eis algumas de suas características:

- Pressa.
- *Sentir-se* com pressa, com motivo para se apressar ou não.
- Nunca ter tempo suficiente.
- Muitas exigências a cumprir em pouco tempo.
- Muitas interrupções ao tentar cumprir essas exigências.
- Viver superficialmente, checando a interminável e sempre presente lista, talvez realizando as atividades, mas de um modo fragmentado, sem qualquer sensação de alegria ou finalização antes de passar para o que vem depois.
- Sentir-se desconectada, em meio a essa maratona diária, do *sentido* do que está fazendo, de si mesma e das pessoas com quem se importa.

Essa experiência freqüentemente inclui sentir-se exausta, oprimida, estressada e, às vezes, vazia, entorpecida e deprimida; raramente inclui uma sensação de alegria, satisfação, diversão ou gratidão pelos simples prazeres da vida.

Isso lhe parece familiar?

Baseada em meu trabalho na última década com mulheres em minha clínica particular e grupos, eu diria que essa experiência é muito comum. Nós sentimos esses efeitos visceralmente, na forma de problemas físicos que variam de enxaqueca, hipertensão e doença cardíaca a desordens gástricas, como úlcera, síndrome do cólon irritável e colite.[2] Também os sentimos emocionalmente, às vezes na forma de ansiedade ou depressão clinicamente diagnosticada.[3] Podemos tentar remediar os efeitos com medicação prescrita (as mulheres recebem dois terços das receitas de tranqüilizantes e antidepressivos nos Estados Unidos)[4] ou automedicação com álcool ou outras substâncias, inclusive alimentos, tabaco e drogas ilícitas.[5]

Jennifer, uma mulher de um de meus grupos do Rio Interior, é uma dona de casa com quatro filhos pequenos. Ela entrou para o grupo porque as exigências da casa e da família a faziam sentir-se como se estivesse "se desintegrando". Seu objetivo era conseguir fazer o que era preciso sem ser tão frenética. "Eu sempre me sinto sob pressão, correndo para executar a próxima tarefa. No final do dia, estou exausta, mas não consigo relaxar." A parte mais difícil do dia para Jennifer era a noite, da hora do jantar à hora de as crianças irem dormir. Seu único alívio da pressão era uma ou duas taças — às vezes três — de vinho à noite. Essa "solução" realmente a relaxava, mas também a deixava um pouco "confusa", o que tornava mais difícil para ela fazer os filhos irem para cama na hora certa. Para compensar, Jennifer ficava acordada até mais tarde e depois tinha dificuldade de se levantar pela manhã, reforçando, desse modo, a sensação de estar sempre sob pressão.

Às vezes parecemos lidar bem com nossa vida agitada; outras vezes, apresentamos sintomas físicos ou emocionais e usamos algum tipo de substância que altera o humor para diminuir a pressão. De qualquer forma, a maioria de nós se sente oprimida pela tirania das tarefas. Quando atingimos certo grau de opressão, podemos buscar ajuda ou tentar alguma mudança. Quando Melissa, uma de minhas clientes, contratou uma organizadora profissional para ajudá-la a pôr sua casa em ordem, foi difícil até mesmo encontrar um tempo em que ambas estivessem livres para se encontrarem! A princípio, Melissa ficou empolgada com a idéia de ter suas pilhas de papéis em ordem e um sistema para mantê-las assim. Mas o efeito durou pouco. Mudar de hábitos, separar a correspondência e outros papéis de novos modos e guardar em novos lugares, tudo isso se tornou em si uma tarefa opressiva.

Com freqüência, nossos melhores esforços para nos organizar ou simplificar a vida não resultam em uma mudança duradoura. Quando falhamos em nossas tentativas de reorganizar ou simplificar a rotina diária, a autoconfiança pode diminuir. Começamos a nos perguntar: "O que há de errado *comigo?*"

A falácia de "O que há de errado comigo?"

A maioria das mulheres tende a se culpar. Quando meu segundo filho nasceu, fiquei surpresa com o profundo estresse que experimentava em meu papel de mãe. Fazer malabarismos para conciliar o trabalho com as necessidades de um bebê, uma criança de 3 anos e o trabalho doméstico me deixava esgotada. Apesar da ajuda de meu marido e de baby-sitters, além de um horário de trabalho flexível, sentia-me com todas as características da "vida de lista de afazeres". Eu pensava: "Como é que as mães solteiras fazem isso? Como as mulheres com três, quatro ou cinco filhos fazem isso? Como as mulheres sem horários de trabalho flexíveis fazem isso? Como minha vizinha, que parece administrar tudo tão facilmente, tem tempo para assar pão?" Esses pensamentos me levaram ao que parecia a próxima pergunta lógica: "O que há de errado *comigo?!*"

Na tentativa de responder a essa questão, analisei quais características, falhas e deficiências pessoais poderiam estar causando a experiência de estresse e fragmentação em minha vida cotidiana. Queria saber: "É por que o mundo é dividido em dois grupos — os organizados e os desorganizados — e, por acaso, eu me encaixo na última categoria? É por que sou de gêmeos, o signo astrológico que me destina a sempre dividir minha atenção entre pelo menos duas coisas de cada vez?" Ou pensava: "Talvez a experiência de ser mãe de filhos pequenos e não fazer nada por mais de cinco minutos sem ser interrompida tenha danificado permanentemente algumas de minhas células cerebrais. Ou talvez meu desejo de agradar me predisponha a me interromper para atender às necessidades alheias. Talvez eu não seja suficientemente determinada ou firme." Eu não parava de me afligir e de especular.

Agora, muitos anos depois, sei que essa tendência a se culpar é muito comum. As mulheres acham que não são suficientemente organizadas, inteligentes, disciplinadas, eficientes, focadas, boas mães, capazes de se comunicar, relaxar e fazer escolhas... que não são boas o bastante e ponto final. Também sei que a crença subjacente a essa autocrítica é "Há algo de errado comigo".

A professora de meditação Tara Brach chama o estado criado por essa crença de "transe de desmerecimento".[6] De um modo muito parecido com o que ocorre nos pesadelos, nesse estado de transe somos definidas e movidas pelo medo de não conseguirmos enfrentar a situação. É como se "o resto do mundo fosse meramente um cenário para nossa luta a fim de chegar a algum lugar, ser pessoas melhores, bem-sucedidas e evitar cometer erros".[7] Em seu livro *Radical Acceptance,* Brach relata a experiência de uma aluna de meditação que a fez perceber a tragédia de viver nesse transe:

> Marilyn passara muitas horas sentada à cabeceira da mãe moribunda — lendo para ela, meditando a seu lado até tarde da noite, segurando a mão dela e lhe dizendo reiteradamente que a amava. Durante a maior parte do tempo, a mãe de Marilyn ficava inconsciente, com a respiração difícil e irregular. Uma manhã, antes do raiar do dia, de repente ela abriu os olhos e os fixou na filha. "Sabe", sussurrou, "durante toda a minha vida achei que havia algo de errado comigo". Ela balançou levemente a cabeça, como se dissesse: "Que perda de tempo!" Então fechou os olhos e voltou ao estado de coma. Várias horas depois, morreu.[8]

As palavras da mãe moribunda ajudaram Marilyn a sair do próprio transe de desmerecimento: "Esse foi o último presente dela. Percebi que não tinha de desperdiçar minha vida como ela fez. Por amor — por minha mãe e pela vida —, decidi me aceitar mais e ser mais bondosa comigo mesma."9

Viver em um transe de desmerecimento, com a crença subjacente de que há algo de errado com você, tem pelo menos dois efeitos desastrosos. O primeiro é que a impede de ver e apreciar tudo que *está* fazendo. Certa noite, quando meus filhos ainda eram pequenos, peguei meu diário, completamente frustrada, após uma daquelas maratonas rotineiras da hora de dormir. Simplesmente relacionei tudo que tinha feito naquele dia. Incluí muitas tarefas triviais como lavar roupa, ir ao supermercado e preparar o jantar. Fiz uma lista de tudo de que consegui me lembrar. Não havia nada de importante na lista, mas realmente tive uma sensação de dever cumprido. De algum modo, ver no papel o que estava preenchendo meus dias silenciou, pelo menos por algum tempo, a voz interior que ficava dizendo que eu nunca fazia o bastante.

O outro efeito negativo da síndrome de há-algo-de-errado-comigo é que nos leva a fazer *mais* para tentar ser melhores, a continuar realizando o mesmo trabalho monótono que faz com que nos sintamos oprimidas e inadequadas. Se o fato de nos sentirmos inadequadas nos fizer acrescentar mais atividades de auto-aperfeiçoamento à nossa lista, reforçaremos o padrão que aumenta nosso sentimento de inadequação. Não faltam pessoas e programas para nos dizer como nos aperfeiçoar, mas, se essas oportunidades partem da suposição de que há algo de errado conosco, a solução inevitavelmente se tornará parte do problema. Em meus grupos, às vezes mostro uma charge de Dan Wasserman de uma mulher de aparência esgotada fazendo exercícios. A legenda é: "Eu me exercito bastante para viver muito... alongo-me para ter flexibilidade, medito para ter tranquilidade... conto calorias, como e descanso bem, escovo os dentes e passo fio dental, faço aquecimento e relaxo... não admira que não tenha uma vida!"10

A verdade é que essa inadequação pessoal não é a raiz do problema. Na verdade, todas nós estamos fazendo a pergunta errada. Em vez de perguntar "O que há de errado *comigo?*" enquanto tentamos não sucumbir à pressão de nossas listas de tarefas a fazer, deveríamos perguntar: "O que há de errado com *esse quadro?*"

A água em que nadamos

Embora a história pessoal, os hábitos e os defeitos realmente desempenhem um papel na percepção fragmentada da vida cotidiana, é preciso se afastar para ver o quadro de um ângulo maior. Há influências mais fortes nas experiências de opressão. Não dizem respeito apenas a você, a mim ou a qualquer uma de nós, mas determinarão nossa experiência a menos que nos conscientizemos delas e aprendamos a resistir-lhes. Essas influências constituem um ambiente universal, como o ar que respiramos ou a água em que nadamos. Estão em toda parte ao nosso redor, até mesmo dentro de nós; emanam de nossa *cultura*.

A cultura em que vivemos, com seus crescentes avanços tecnológicos e suas comodidades que economizam tempo, está começando a se parecer mais com um pesadelo em que corremos sem chegar a lugar algum do que com o sonho de conforto, lazer e liberdade que queríamos realizar. Artigos de jornais e revistas, livros e palestras sobre como simplificar, desacelerar e se acalmar são mais do que comuns. Aulas de ioga são fortes concorrentes no mercado de exercícios, no qual antes reinava a agitada aeróbica. A meditação, uma atividade de pouca importância para a sociedade americana trinta anos atrás, foi matéria de capa de um número de 2003 da revista *Time* e apresentada em um número de 2004 da *Newsweek* como parte de uma série de artigos intitulada "The New Science of Mind and Body" ("A Nova Ciência da Mente e do Corpo"). Como uma sociedade, começamos a perceber um profundo desequilíbrio em nosso modo de viver, mas ainda estamos tão profunda e inconscientemente arraigados a uma cultura de velocidade, interrupção e distração, que temos dificuldade em ver ou sentir seus efeitos e ainda mais em nos opor a eles de um modo significativo.

Nos últimos anos, compilei artigos de jornais e revistas que tratam dos temas da velocidade e falta de tempo e do que podemos fazer em relação a isso. Alguns artigos apresentam análises criteriosas do problema. Outros dão sugestões úteis para desacelerar e simplificar e exemplos de pessoas que adotaram um estilo de vida mais simples. O fato de acharmos esses temas interessantes indica que a água em que nadamos realmente tem uma corrente rápida.

Os artigos que considero mais fascinantes e divertidos são os que oferecem soluções sem ao menos aludir ao problema. Por exemplo, uma revista feminina popular apresentou um breve (para poder ser lido *rapidamente*!) artigo intitulado "Hurry Up and Relax" ("Apresse-se e Relaxe") que era cômico de uma forma inusitada. A primeira linha dizia: "Se você se esgota na correria diária e não encontra tempo para pisar no freio, não se desespere: talvez não tenha de desacelerar para relaxar."[11] Outra revista popular de saúde dedicou uma matéria de capa a sugestões sobre como "simplificar a vida e *finalmente* ter tempo livre". Uma das sugestões é um conjunto de receitas muito rápidas para os jantares dos dias de semana que permitem "esquecer de cozinhar". Outra é que, em vez de ler livros para "andar em dia com o último best seller", você apenas leia as críticas, para ficar sabendo dos pontos de maior interesse; isso lhe permitirá "acompanhar qualquer conversa e ter um comentário pronto para ser feito".[12] Não é preciso se dar o incômodo de perder tempo lendo um livro!

Mais uma vez, poderíamos nos perguntar: "O que há de errado comigo?" Esses artigos que tentam nos dizer como moderar a marcha sem desacelerar, ou economizar tempo a todo custo, são sintomas de nossa incapacidade de realmente entender o problema básico e seu alcance. Essas pretensas soluções não questionam seus pressupostos culturais básicos.

Quando tentamos encontrar novos modos de economizar e reduzir o tempo necessário para fazer tudo, de refeições a cuidar dos relacionamentos, não notamos que partimos da suposição comum em nossa sociedade de que o mais rápido é automaticamente melhor. Em geral, não prestamos atenção ao fato de que, ao contrário de alguns anos atrás, quando o ritmo da vida era estabelecido pelos ritmos da natureza, hoje ele é estabelecido pela tecnologia: carros, aviões, telefones celulares, computadores, imagens aceleradas de televisão e assim por diante. Quando meu filho me disse que a tecnologia dos computadores se baseia no nanossegundo, ou um bilionésimo de segundo, meu primeiro pensamento foi: "O que é um bilionésimo de segundo?" E a próxima e mais importante reflexão foi: "O que significa para o ritmo da vida viver em uma época que tem um nome para um incremento de tempo de um bilionésimo de segundo?"

A estranha ironia em nossa vida apressada é que, apesar de a tecnologia nos permitir fazer as coisas de um modo cada vez mais rápido, parece que temos cada vez menos tempo. As mulheres que eu conheço se queixam quase universalmente de falta de tempo. "Nossa vida é cheia de aparelhos inventados para economizar tempo", explica o autor e colunista Michael Ventura, mas "não o economizam realmente; apenas encurtam as tarefas. Uma tarefa que levava horas agora pode levar apenas minutos... mas essas horas não são economizadas; em vez disso, são usadas para outras tarefas que só levam minutos... O que temos é um ritmo destacado de fazer uma coisa após a outra em que o tempo economizado é usado para novas tarefas e o que experimentamos é... uma sensação frustrante de interrupção contínua".[13] Como veremos no Capítulo 2, a noção de tempo é subjetiva, maleável e até certo ponto ligada à cultura, e a experiência de que "o dia não tem horas suficientes" acompanha uma noção linear do tempo como se fosse dividido em pequenos incrementos, o que contribui para o ritmo destacado descrito por Ventura.

Aliada à noção da premência do tempo, há a aceitação das interrupções constantes que pontuam nossos dias. A maioria de nós não questiona a inevitabilidade de ser interrompido por telefonemas enquanto realizamos nossas atividades diárias; freqüentemente a própria interrupção é interrompida por outro telefonema. (E, na verdade, *pagamos* para ter esse privilégio!) Uma mulher em um de meus grupos ficou surpresa quando soube que poderia cancelar o serviço de chamada em espera de seu telefone. Ela disse que não lhe havia ocorrido que poderia eliminar essa fonte de interrupção.

Como a velocidade e a interrupção, a distração é uma característica básica da água cultural em que nadamos. Quando perguntaram a Edward Hallowell, um médico especializado no tratamento do Transtorno do Déficit de Atenção (TDA), sobre a incidência de TDA nos Estados Unidos, parte de sua resposta foi descrever o que tem sido chamado de "pseudo-TDA", ou "característica do déficit de atenção".[14] Segundo Hallowell, esse mal imita os sintomas da desordem neurológica, mas é induzido pelo ambiente e afeta uma parte significativa da população. Basicamente ele diz que muitos de nós têm uma tendência à distração (o título de seu livro sobre TDA, não devido a uma desordem genética, mas à própria cultura em que vivemos. Novas pesquisas confirmam isso, mostrando que as crianças de 1 a 3 anos que vêem televisão durante duas ou mais horas por dia têm mais dificuldade em prestar atenção quando chegam aos 7 anos do que as expostas a pouca ou nenhuma televisão nos primeiros anos de vida.[15]

Eu me lembro de que fiquei chocada na primeira vez em que vi alguém empurrando um carrinho de supermercado enquanto falava ao celular. Agora me preocupa o fato de não ficar mais chocada. Em toda parte as pessoas dirigem e trabalham no computador falando ao celular, comem trabalhando no computador, vêem tevê fazendo o serviço doméstico diante do computador enquanto falam ao telefone. Agora temos uma palavra para esse comportamento distraído — *multitarefa* — que o faz parecer desejável e digno de louvor. Nossa cultura parece nos levar a ter muitas atividades ao mesmo tempo, o que diminui bastante a qualidade de nossa vida familiar, social, profissional e interior. A título de exemplo, eis algumas observações:

- Nos Estados Unidos, tipicamente, os casais que trabalham passam vinte minutos por dia juntos.
- O tempo com a família se tornou um objetivo, uma conquista, não uma conseqüência natural de ter uma família.
- Muitas das famílias que não se exaurem tentando freneticamente ganhar dinheiro suficiente para pôr comida na mesa estão igualmente exaustas e presas em um ciclo de excesso de trabalho e consumo.
- Ir à casa de um vizinho, algo comum apenas trinta ou quarenta anos atrás, é um comportamento social quase inexistente.
- Manter-se ocupado e seguir o modelo multitarefa são comportamentos louváveis não questionados. Desacelerar, realizar uma tarefa de cada vez e com calma está se tornando uma arte perdida nos Estados Unidos.
- Como sociedade, estamos lendo menos. A tecnologia dos computadores está substituindo a palavra escrita. Sven Birkerts, autor de *Gutenberg Elegies*, afirma que, com o declínio da impressão, estamos, como cultura, nos tornando mais superficiais, "abrindo mão da sabedo-

ria, cuja busca foi, durante milênios, fundamental para a própria idéia de cultura".[16]

Então, o que podemos fazer quando percebemos que *há* algo de errado com nosso quadro cultural e, não necessariamente, conosco como indivíduos? Podemos seguir um caminho diferente, tomar alguma providência para simplificar a vida, mesmo que o mundo ao redor continue em um ritmo rápido? Minha resposta é "sim" e o restante deste livro explica como fazer isso.

✤ Exercício: "A lista das tarefas que eu fiz"

A lista de tarefas a realizar é um lembrete do que *não* fizemos e pode reforçar um sentimento de inadequação. Neste breve exercício, o foco é no que você já fez, para que possa considerar o copo cheio pela metade — não vazio pela metade — no que diz respeito à sempre presente lista de tarefas a fazer.

No final de um dia, relacione tudo que você fez nesse dia. Anote tudo de que puder se lembrar, inclusive atividades que você acha que não contam, como levar e buscar seus filhos nos lugares, tomar banho ou dar um telefonema que só levou alguns minutos. Quando terminar, leia a lista, respire profundamente e reconheça seu valor.

Você pode fazer esse outro tipo de lista sempre que achar que sua lista de tarefas a fazer a está levando a se perguntar: "O que há de errado comigo?"

✤ Exercício: Registre o ritmo de sua vida

Da próxima vez em que você dirigir na auto-estrada, ande dez quilômetros por hora mais devagar do que geralmente anda por pelo menos cinco minutos. Observe como se sente. Está mais relaxada? Mais agitada? Primeiro uma coisa e depois outra? Apenas observe a sensação de diminuir seu ritmo comum.

Dirigir é apenas uma das muitas atividades em que você pode estar inconscientemente seguindo um ritmo mais rápido do que o que precisa ou deseja seguir. Você pode fazer este exercício caminhando — ainda que apenas de um quarto para o outro —, comendo ou enquanto executa qualquer atividade diária.

Este exercício simples visa aumentar a consciência da pressão externa para acelerar e da tendência interna a seguir o ritmo do ambiente. Ter mais consciência do efeito do ambiente é importante porque você tende mais a fazer escolhas positivas em relação à cultura de velocidade quando realmente o sente.

Reconhecer que a raiz de nossos problemas de fragmentação, pressão de tempo e superação de nossas capacidades é uma exigência cultural de velocidade, e não uma deficiência nossa. Então, vejamos onde está a solução.

Capítulo 2

O Rio Interior

> "Diante dos excessos, vamos aos poucos ressecando,
> nossos corações se esgotam, nossas energias começam
> a nos faltar e surge em nós um misterioso anseio por
> "alguma coisa", para a qual quase nunca
> temos um nome."
> — Clarissa Pinkola Estés,
> *Mulheres que correm com os lobos*

Quando sentimos a necessidade de simplificar e desacelerar, a maioria de nós tende a pensar: "Só preciso ser mais organizada." Embora a administração do tempo seja útil, também pode ser uma daquelas soluções que são parte do problema: administramos melhor o tempo para fazer ainda mais em nossos horários já apertados.

Minha opinião, e a abordagem deste livro, é a de que precisamos olhar em uma direção totalmente diferente, talvez desconhecida, a fim de encontrar uma solução para o problema da opressão. Para recuperar o equilíbrio e encontrar sentido e contentamento em nosso modo de viver, temos de mergulhar e olhar por baixo da agitação contínua da vida cotidiana.

Da superfície à profundidade

Quando falo em olhar por baixo ou mergulhar, refiro-me a focar menos o exterior, ou a superfície da vida, e mais o interior. O Diagrama do Rio Interior (veja a p. 44) ilustra esse movimento. Podemos ir da superfície à profundidade, do exterior ao interior, porque todos têm em si um lugar profundo, saibam ou não disso em um determinado momento. Esse lugar profundo poderia ser considerado uma dimensão espiritual dentro de nós. Há muitos nomes para essa esfera interior e provavelmente tantas experiências dela quantas são as pessoas do mundo.

Algumas a descrevem como "ir para casa"; outras, como o lugar para ouvir a "voz silenciosa" interior; outras ainda dizem que é para onde vão a fim de restabelecer sua conexão com Deus, o sentido e a percepção do quadro geral de sua vida, ou para a renovação espiritual ou inspiração criativa. Quando eu me volto para dentro, freqüentemente vejo a imagem de um rio subterrâneo que está sempre ali, fluindo de uma fonte além de mim, de alimento e vida. Depois que vi o Rio Interior pela primeira vez com o olho de minha mente, descobri que não fui a única a vê-lo. A analista junguiana e autora Clarissa Estés escreveu sobre o *rio abajo rio*, "o rio abaixo do rio, que não pára de correr para dentro da nossa vida".[1] May Sarton escreve sobre a "água calma e profunda" onde vivem os sonhos e as imagens.[2] Quando Jessie, o personagem principal de *A sereia e o monge*, de Sue Monk Kidd, ansiou por uma vida mais autêntica e satisfatória, ela descreveu o sentimento de que "tinha de haver outra vida sob a minha, como um rio subterrâneo ou algo no gênero, e de que eu morreria se não a descobrisse".[3]

Meu nome para esse lugar profundo é Rio Interior. Todos têm essa dimensão dentro de si, mas nós diferimos no que encontramos nela e em como a experimentamos. Janine, uma mulher de um de meus grupos, descreve sua experiência deste modo direto: "Quando vou lá, o tempo passa devagar, obtenho clareza e o monólogo interior cessa." Outra mulher do grupo afirma que o salmo que celebra "o lugar secreto do Altíssimo" a ajuda a se voltar para a esfera do Rio Interior: "Eu tendo a pensar no Rio Interior como o lugar em que o barulho cessa e finalmente há paz e quietude. É o lugar no qual *sinto* minha verdadeira natureza, em vez de *pensar* nela." Outra mulher descreve essa esfera como "onde eu me desconecto do tagarelar para poder me conectar com o que é real para mim, o que faz meu coração cantar, o que me faz sofrer e o que considero importante".

É claro que o Rio Interior não é um destino físico. Um canto favorito da sala de estar ou um cenário natural especialmente belo pode conduzir a essa esfera, mas ela é um estado de consciência, não um lugar real.

Marie, uma designer gráfica, acha que seu trabalho a leva ao Rio Interior:

> Quando estou relaxada desenhando, é como se estivesse em um túnel em que não há distrações ao redor. Não tenho consciência de meu corpo, das pessoas ou de coisa alguma. Perco a noção do tempo e fico profundamente concentrada. Acredito que minha mão sabe e preciso sair do caminho para permitir que se mova e sinta, não conduzi-la. Não é fácil fazer isso, porque minha mente e meu julgamento freqüentemente atrapalham. Mas, quando consigo, esse estado é de grande relaxamento e satisfação.

As qualidades do Rio Interior

Embora cada pessoa experimente a esfera do Rio Interior de um modo diferente, certas qualidades são descritas com freqüência, como, por exemplo,

- paz, calma;
- silêncio, quietude;
- vivacidade, vitalidade;
- gratidão, graça;
- clareza, perspectiva;
- criatividade, inspiração;
- alegria, contentamento;
- fluidez, facilidade;
- confiança, relaxamento;
- ternura, amor;
- fundamentação, solidez;
- integralidade, consciência do eu;
- universalidade, sensação de estar conectado com os outros;
- compaixão por si mesmo e pelo sofrimento alheio;

Essa não é uma lista completa. Uma ou mais dessas qualidades, ou talvez alguma não relacionada, pode descrever a experiência de contato com a esfera do Rio Interior. Não se surpreenda se esse contato tiver um quê de desagradável; freqüentemente as experiências mais profundas contêm uma mistura de luz e escuridão, alegria e tristeza. O exercício no final deste capítulo visa levar você à própria experiência do que descrevo aqui, independentemente de suas qualidades particulares.

Nas experiências do Rio Interior, a noção do tempo quase sempre é alterada. Janine diz que o tempo demora mais a passar e Marie afirma que perde a noção do tempo. Outra mulher diz que o tempo "se expande", enquanto outra ainda observa: "Quando estou nesse lugar, tenho todo o tempo do mundo." Esses comentários refletem a realidade de que a noção de tempo é subjetiva e maleável. Quando estamos totalmente absortos em algo — uma atividade criativa ou uma conversa com um amigo —, o que parecia ser meia hora pode se tornar duas ou três. Na esfera do Rio Interior, o tempo não é experimentado como linear, limitador e estressante como freqüentemente é no resto da vida. Em vez disso, temos uma sensação de eternidade ou amplitude. O tempo, ou a falta dele, deixa de ser o inimigo. É por isso que, como veremos em capítulos posteriores, precisamos olhar na direção do Rio Interior para encontrar equilíbrio em nossa vida opressiva. Talvez não seja de mais tempo que precisamos, mas de um modo diferente de experimentar o tempo que temos.

O valor do Rio Interior

Algumas de vocês que estão lendo este capítulo podem achar que a esfera do Rio Interior é um território familiar. Outras podem se perguntar "O que é isso para *mim*?" ou "Mesmo que eu presuma que tenho um lugar profundo dentro de mim, como encontrá-lo?" Ter perguntas desse tipo *não* significa que há algo de errado com você. A cultura predominante não nos ensina sobre essa esfera interior, não a valoriza e muito menos nos mostra como ter acesso a ela. Os capítulos a seguir descreverão *como* ter contato com o Rio Interior, mas primeiro temos de entender *por que* esse contato é importante.

Clarissa Estés descreve o que acontece quando somos desligadas de nossos eus interiores por meio da história arquétipa da mulher-foca. A água é seu lar, o que poderíamos chamar de lugar profundo. Embora ela viva debaixo d'água como foca, à noite pode assumir forma humana. Certa noite, ela e suas irmãs mulheres-focas despiram suas peles e dançaram nuas em cima de uma rocha perto do mar. Um homem solitário roubou a pele da mulher-foca antes que ela pudesse vesti-la de novo e voltar para o mar. Ele lhe implorou para ser sua esposa. Estés diz sobre a pele: "A pele na história não é tanto um objeto, mas a representação de um estado de sentimento e de um estado de ser — um estado que é coeso, profundo e que pertence à natureza feminina selvagem. Quando a mulher se encontra nesse estado, ela se sente inteiramente dona de si mesma."[4] E o fato de estar sem a pele "faz com que a mulher aja como acha que deveria agir, não da forma que ela realmente deseja".[5]

A mulher-foca concorda em ficar com o homem solitário, mas, quando permanece tempo demais em terra, longe das profundezas e sem sua pele, começa a ressecar. Sua pele racha, seus cabelos caem, ela passa a mancar e seus olhos perdem a umidade. Esse estado de ressecamento "descascar, mancar, perder a umidade, ficar cega"[6] é uma boa descrição metafórica do que acontece quando não temos acesso a nosso interior. Nossa vida parece insípida, seca e vazia, mesmo que seja cheia de atividade, pessoas e coisas. É como se passássemos pela vida sem realmente viver.

A longa permanência da mulher-foca em terra mostra outro efeito de se afastar da natureza interior: maior tendência a sintomas físicos de estresse, vícios, conflitos e desunião nos relacionamentos, insatisfação no trabalho e na vida. Precisamos encontrar nosso caminho de volta para casa a fim de nos reabastecer e renovar. Na história, quando a mulher-foca finalmente se liberta do homem, veste de novo sua pele e volta ao mar, recupera o brilho dos cabelos e olhos e seu corpo volta às formas arredondadas. O acesso às esferas mais profundas em nós nos devolve nossa essência, energia vital e resiliência. Voltamos para nossos verdadeiros eus ou, como diz Estés, voltamos para casa, a fim de estar totalmente em nossas peles, o que, por sua vez, pode nos ajudar a nos relacionar mais total e abertamente com os outros e com as atividades em que nos engajamos. Descobrimos uma conexão com algo maior do que nossas preocupações individuais e um sentido que torna válido o que fazemos com nosso tempo.

Janet, jovem mãe de dois filhos, percebeu o valor do contato com o Rio Interior quando começou a arranjar tempo todos os dias, nas palavras dela, para "encontrar seu eu mais profundo" e tentar ficar em contato com ele em meio às suas interações diárias. Ela disse: "Se vejo os relacionamentos desse lugar mais profundo, não do mais superficial, sou mais responsável, não no sentido de me incumbir, mas no de ser capaz de responder." Como exemplo, ela descreveu uma tarde típica em que seu filho estava sentado no quarto ao lado fazendo o dever de casa:

> Eu estava correndo de um lado para outro da cozinha como um frango com a cabeça decepada, com uma sensação de urgência. Meu filho me fez uma pergunta. Queria minha atenção. Minha tendência é dizer "Quando eu acabar!", e continuar com a sensação de urgência. Por isso, primeiro eu disse "Daqui a pouco!", e então me conscientizei, porque estou treinando isso, de que estava muito acelerada. Notei toda a tensão e movimentação desnecessárias em meu corpo e esforcei-me para aquietá-lo. Então minha mente se acalmou e eu disse, "Já vou. Isto pode ficar para depois". Continuei com uma sensação de calma e quietude e consegui realmente me conectar com meu filho de um modo relaxante e satisfatório para nós dois. Sei que era isso que ele queria: conectar-se *comigo*, não com aquela pessoa que limpava bancadas com uma sensação de urgência.

Pensando melhor, ela disse: "A propósito, não havia realmente urgência. Havia apenas uma *sensação* de urgência, de que nada jamais seria concluído, de 'O que vai acontecer se eu parar agora por 15 minutos, quando tenho de acabar de limpar a cozinha, lavar roupa, blá, blá, blá?' Essa é a suposta urgência!"

Depois que descreveu sua experiência, Janet disse: "O melhor foi que, quando voltei a limpar as bancadas, lembrei-me de por que e para que estava fazendo aquilo: para a minha família." Ao dizer isso, Janet começou a chorar. Descrevendo essa interação, reconheceu o que de fato era importante para ela. Disse: "Isso realmente tem a ver com aquele lugar de amor. A atividade impede o amor, mas na maior parte do tempo não percebemos isso. E toda a atividade é *por causa* do amor, embora o impeça." Então acrescentou: "Há muita ternura nesse lugar profundo ao qual não temos acesso durante grande parte do tempo."

A visualização do processo do Rio Interior

A experiência de Janet demonstra o efeito que mergulhar no Rio Interior pode ter sobre a vida na superfície. É claro que às vezes a urgência é real, e não podemos sentar e conversar com nossos filhos. Mas, com freqüência, ainda mais em um contexto cultural que valoriza a velocidade e a realização, nós, como Janet, vivemos superficialmente, mantendo-nos ocupadas com uma falsa sensação de urgência e perdendo oportunidades de nos envolver de modos satisfatórios com aqueles que amamos, com nós mesmas ou com uma tarefa trivial, como limpar bancadas.

Então, como ter acesso aos recursos interiores que dão grande sustento — ou "substância", como diz Estés — à nossa vida comum? Eu criei o Diagrama do Rio Interior ao longo de muitos anos de trabalho com mulheres para ajudá-las a visualizar tanto o processo quanto as ferramentas essenciais para ter acesso ao Rio Interior. Como eu já disse, esse tipo de experiência não pode simplesmente ser acrescentada à lista de tarefas a fazer. A esfera do Rio Interior pode intervir subitamente em nossa rotina de vida, mas, na maioria das vezes, temos de fazer um esforço consciente para criar as condições que a revelam. Talvez haja culturas em que as pessoas possam mergulhar mais facilmente no Rio Interior, mas, em nossa cultura de velocidade, interrupção e distração, sem esse esforço, permaneceremos na superfície.

As mulheres em meus grupos usaram o Diagrama do Rio Interior como um lembrete de que *é* possível desacelerar e se conectar com o que é importante. Elas guardam uma cópia do diagrama em suas agendas, afixada perto dos computadores ou nas geladeiras ou pára-brisas. Uma mulher disse: "Tenho uma cópia do diagrama colada em minha parede junto com alguns provérbios favoritos, perto de onde medito. Eu o coloquei ali porque adoro o conceito de 'mergulhar' expresso no diagrama e porque é um claro lembrete daquilo em que estou trabalhando."

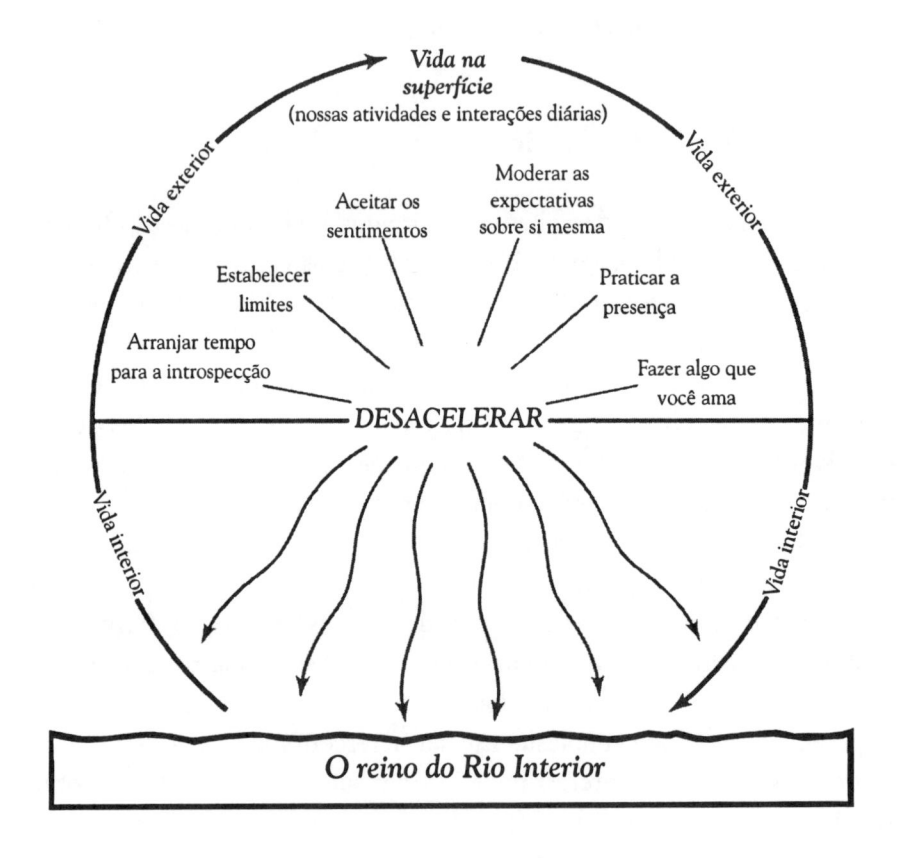

Vida na superfície
(nossas atividades e interações diárias)

Vida exterior

Aceitar os sentimentos

Moderar as expectativas sobre si mesma

Estabelecer limites

Praticar a presença

Arranjar tempo para a introspecção

Fazer algo que você ama

DESACELERAR

Vida interior

O reino do Rio Interior

O diagrama do Rio Interior

A chave: desacelerar

No centro do diagrama, em letras grandes, está a palavra *desacelerar*. Pelo menos na América do Norte do século XXI, esse é o principal pré-requisito para obter sustento do Rio Interior. Para entender a importância de desacelerar, faça este breve exercício:

Imagine um belo jardim florido em um dia ensolarado de verão, com todas as cores, formas, texturas e aromas de várias flores e arbustos. Agora, reserve um momento para vê-lo com o olho de sua mente. Imagine-se passeando por um caminho sinuoso, talvez parando e olhando para as flores que chamarem sua atenção. Note-lhes as cores e formas. Imagine que pode inalar as cores e a beleza que vê, como poderia aspirar um aroma. Observe o que acontece em seu corpo ao se imaginar aspirando essa beleza.

Agora se imagine dirigindo um carro a 100km/h. À sua direita há um belo jardim florido em um dia ensolarado de verão. Oops, o jardim ficou para trás. Você o viu? Poderia notar alguma cor antes de passar por ele, para contar aos outros que o viu, mas simplesmente não há como realmente assimilar-lhe a beleza, ser tocado e nutrido por ela, andando a 100km/h.

Apesar do que possa nos dizer nossa cultura que valoriza a rapidez, nós *realmente* precisamos desacelerar para ter acesso ao Rio Interior. Sem dúvida, pode ser difícil mudar um ritmo habitualmente acelerado. Se nos acostumamos a andar em marcha rápida, podemos ter dificuldade em desacelerar — e nos sentir desconfortáveis, improdutivos ou irrequietos em um ritmo mais lento. Se isso for desconfortável, talvez só paremos quando alguns eventos da vida nos jogarem para fora da esteira mecânica, forçando-nos a diminuir nosso ritmo, pelo menos temporariamente, o que pode resultar em nos tornarmos receptivos à profundidade.

Para Louise, mulher com dois filhos que trabalhava em tempo integral, o que mudou radicalmente sua vida foi algo que aconteceu com alguém de quem era muito próxima. Durante 15 anos, Louise trabalhara duro em um emprego de vendas e marketing que, conforme disse, "sugava toda a minha vida". Lembrando de sua vida na época, Louise a descreveu como "totalmente focada no exterior, compulsiva e fora de controle". Nesse período, uma das amigas de Louise sofreu um grave acidente de carro e corria o risco de não sobreviver. Em uma das primeiras noites em que sua amiga ficou hospitalizada, Louise só dormiu intermitentemente, pensando e sonhando com ela e sua família durante a maior parte da noite. Ela disse: "Perto da manhã, quando eu estava acordando — não mais dormindo, mas não totalmente desperta —, tive este pensamento sobre minha amiga: 'Mesmo que a vida dela tenha chegado ao fim, *saberá* que fez um ótimo trabalho como mãe.' Então, subitamente, eu o apliquei a mim mesma. Lembro-me de que senti um aperto no coração. Foi uma reação visceral, enquanto eu pensava: 'Se eu morrer amanhã, o mesmo não poderá ser dito de mim.'" Ela percebeu que se havia envolvido tanto com seu emprego que não estava vivenciando os próprios valores, o que para ela significava pôr seus filhos em primeiro lugar. A incoerência entre aquilo em que acreditava e a maneira como vivia foi tamanha para Louise naquele momento que ela teve de agir. "Pedi demissão de meu emprego de 15 anos. Não procurei opções. Não pensei em como poderia resolver isso. Só pensei: 'Tenho de parar esse trem de carga e sair.'"

Os meses seguintes foram difíceis de um modo diferente para Louise. Ela ficou em casa e passou muito mais tempo com os filhos, mas ainda se sentia acelerada e inquieta. "Eu costurava furiosamente capas de almofadas! Sentia um enorme estresse, mas a maior parte dele era gerado por mim mesma." Finalmente, em um esforço para combater o estresse físico e emocional, Louise participou de um retiro de fim de semana que incluía visualização dirigida. A princípio, teve dificuldade em voltar sua atenção para dentro, mas em uma de suas jornadas interiores descobriu que era realmente capaz de se aprofundar em si mesma, e seu mundo interior se abriu. Com o olho de sua mente, viu-se de novo em seu lar da infância, com um sentimento profundo de solidão que freqüentemente tinha nessa época. Percebeu que em sua vida adulta a energia do "trem de carga" que lhe causara tanto estresse era alimentada em parte pela tentativa de evitar o antigo desconforto com a solidão silenciosa de sua infância. Essa consciência a ajudou nas mudanças que queria fazer. Mais tarde, ela disse:

"Vivi de modo superficial por muito tempo e estava muito fora de sincronia e confusa. Tinha alguma consciência de que precisava olhar para dentro, mas não sabia como fazer isso. Era muito difícil."

Seu retiro de fim de semana foi o começo de uma exploração interior que a levou a, entre outras coisas, um de meus grupos — e finalmente, quando seus filhos cresceram, a uma carreira totalmente nova que restabelece sua conexão com aquele momento no início da manhã que tanto a afetou: ela ensina e escreve sobre a criação de filhos. "O que faço agora explora tudo que sou: minha experiência profissional, habilidade e educação. E está ligado à minha paixão. Por isso, é tão bom para mim. E, como vem de dentro, tem uma energia e autenticidade que me fazem seguir adiante."

Infelizmente, as normas do estilo de vida sem paradas significam que um dos caminhos mais freqüentemente percorridos para o Rio Interior passa pela crise — uma doença grave, a morte de um ente querido, divórcio ou outra perda importante. Independentemente de esses eventos ocorrerem ou não conosco ou, como no caso de Louise, alguém próximo de nós, eles nos fazem parar e olhar para dentro. Este livro parte da premissa de que não temos de esperar um choque ou um sofrimento terrível para começar a descobrir o caminho para o Rio Interior. Podemos, intencional e conscientemente, criar condições para fazê-lo fluir em nossa vida.

Mergulhar e voltar para a superfície

Ao redor do Diagrama do Rio Interior há duas setas que representam o movimento que estamos tentando criar em nosso dia-a-dia, da superfície para a profundidade e de volta para a superfície. O objetivo deste livro não é incentivar o retiro em uma caverna ou um mosteiro para vivermos nossos dias em silêncio. Em vez disso, é estabelecer um ritmo constante na rotina diária que nos permita chegar ao Rio Interior, obter sustento dele e voltar para a vida na superfície com uma nova perspectiva e vitalidade, lembrando o que é realmente importante para nós. Desse modo, o que fizermos em nossa vida exterior (atividades e interações diárias) será determinado por nossa vida interior e expressará as qualidades da esfera do Rio Interior.

Enquanto escrevo isto, é inverno na Nova Inglaterra. Na semana passada, a natureza promoveu uma desaceleração forçada em toda a região na forma de uma tempestade de neve. Nos dias após a tempestade, várias de minhas clientes disseram que seguiram um ritmo mais lento, descansando e fazendo coisas que normalmente não teriam tempo de fazer. Minha própria sensação foi de amplitude, como se eu e as pessoas a meu redor estivessem temporariamente livres da escravidão do tempo. Fora retirar a neve, o tempo forçou uma espécie de sabá, um dia de descanso. O ciclo de atividade, descanso e retorno é crucial para manter o equilíbrio e a energia na vida. Porém, sem uma tempestade de neve ou outro evento que nos faça parar, trabalhamos demais e pulamos repetidamente a parte de descanso do ciclo. A poetisa May Sarton escreve sobre essa necessidade de descanso e a tendência a trabalhar demais em seu *Journal of a Solitude*:

> Um estranho dia vazio. Eu não me sentia bem; fiquei deitada, olhei para os narcisos contra os muros brancos... Sempre me esqueço de como esses dias vazios são importantes, de como às vezes é importante não esperar produzir coisa alguma, nem mesmo algumas linhas em um diário. Ainda sou perseguida por uma neurose que herdei do meu pai. Um dia em que não se chega ao próprio limite parece um dia perdido, um dia de culpa. Nem tanto! A coisa mais valiosa que podemos fazer pela psique é de vez em quando descansar, divagar, viver à luz mutante de um quarto, sem tentar ser ou fazer coisa alguma. Esta noite realmente me sinto em um estado de graça, maleável, menos tensa.[7]

Sarton está descrevendo o efeito renovador de sair do modo habitual de produzir ininterruptamente e permitir a todo o ser parar. Falarei mais sobre isso no Capítulo 4. Por enquanto, quero apenas salientar a importância do ciclo que as setas no diagrama representam. Esse ciclo de atividade, mergulho e retorno é a antítese do que tem sido tão apropriadamente chamado de estilo de vida 24/7 (vinte e quatro horas por dia, sete dias por semana).

As práticas

No diagrama, acima da palavra *"desacelerar"* há seis linhas radiosas, cada qual com o nome de uma das seis ferramentas essenciais ou práticas para ter acesso à esfera do Rio Interior. Essas ferramentas têm uma relação recíproca com desacelerar — isto é, desacelerar facilita cada prática, e realizá-las nos ajuda a fazer isso. Elas serão explicadas em detalhes nos próximos capítulos. Em resumo, são as que se seguem:

1. *Arranjar tempo para a introspecção:* Aprender a encontrar energia e equilíbrio arranjando um tempo ininterrupto a sós para ir abaixo da superfície da atividade diária.
2. *Estabelecer limites:* Aprender a principal habilidade para afastar o sentimento de opressão: dizer "não".
3. *Aceitar os sentimentos:* Aprender a fazer as pazes com os sentimentos perturbadores que você pode estar tentando evitar mantendo-se ocupada.
4. *Moderar suas expectativas sobre si mesma:* Aprender a relaxar e levar menos a sério a voz da autocrítica.
5. *Praticar a presença:* Aprender a lidar com a agitação *mental* prestando atenção ao momento presente.
6. *Fazer algo que você ama:* Aprender a arranjar tempo para experimentar o poder renovador de fazer algo simplesmente por prazer.

Como indicam as setas na metade inferior do diagrama, cada uma dessas seis práticas, combinadas com a desaceleração, é um possível portal para a dimensão do Rio Interior. Além disso, há três práticas preliminares que visam ajudar você a começar: reconhecer o poder da cultura, obter apoio e manter um diário. Discutiremos minuciosamente essas três ferramentas no próximo capítulo, e você começará a perceber como todas são congruentes.

❧ Exercício: Reviva uma experiência do Rio Interior

Antes de passarmos para as práticas mais específicas a fim de estabelecer a conexão com o Rio Interior, eu gostaria que você dedicasse alguns momentos a um exercício de visualização dirigida que a ajudará a experimentar a esfera interior da qual temos falado. Descobrimos que todos nós temos uma experiência da dimensão do Rio Interior, mesmo que não entremos em contato com ela durante semanas, meses ou anos. Este exercício ajuda você a se lembrar de um desses momentos e a restabelecer a conexão com as sensações físicas, os sentimentos e os pensamentos que a acompanham. Reviver uma experiência positiva de sua natureza interior pode motivá-la a ter mais contato com essa dimensão na vida cotidiana. Também é importante porque a *experiência* é a mais valiosa de todas as ferramentas para desacelerar e resgatar a vida.

A fim de obter o máximo do exercício, encontre um lugar e tempo em que não será perturbada. Não precisa ser muito; dez minutos de tempo ininterrupto são suficientes. Primeiro leia o exercício até o fim. As palavras visam guiá-la na direção de uma experiência interior que as transcende. São apenas diretrizes; você não tem de segui-las ao pé da letra. Depois de ler o exercício, faça-o no próprio ritmo.

Você também pode pedir a uma amiga que o leia devagar, com algumas pausas, para poder ter contato com sua experiência. Se quiser, faça algumas anotações antes de se revezarem e você conduzir sua amiga no exercício.

Feche os olhos. Sente-se em uma cadeira confortável e relaxe o corpo conscientemente. Imagine seus músculos relaxando e se livrando de toda tensão. Concentre-se por alguns minutos em sua respiração; deixe que o ritmo de sua respiração a acalme e a ajude a se voltar para dentro.

Agora pense em um momento em que teve contato com o Rio Interior. Pode ter sido um momento em que você se sentiu muito energizada ou calma em contato com a natureza ou se maravilhou com o mundo natural; ficou perplexa com a beleza de algo; teve uma experiência de comunhão com alguém ou Deus, ou apenas a consciência de uma presença amorosa, uma força maior do que si mesma da qual você era parte. Pode ter sido uma experiência de conexão profunda com outras pessoas — e sua própria comunidade —, por meio de uma tristeza ou alegria partilhada; um momento em que você teve um claro insight sobre algo que a preocupava, sobre como a vida funciona ou sobre o sentido de sua vida; em que sentiu apenas gratidão por estar viva. Também pode ter sido uma experiência de estar "no fluxo" enquanto realizava uma atividade ou um momento em que se sentiu autêntica, muito inteira e totalmente viva. (Não se espante se você se lembrar de um momento difícil de sua vida. Às vezes nós nos tornamos mais abertos à vida e à profundidade nos momentos dolorosos ou desafiadores.)

Espere até ter uma lembrança dessa experiência. Não há uma experiência certa. Pode ser algo que aconteceu muito recentemente ou em sua infância, uma experiência que teve durante uma atividade diária, como lavar pratos, ou que ocorreu durante um evento importante da vida, como o nascimento de um filho.

Quando você pensar em um momento em que teve essa maior consciência, torne-o o mais vívido possível em sua imaginação. Permita-se revivê-lo o mais plenamente que puder. Quais as sensações que nota em seu corpo? Permita-se reviver as sensações que acompanharam o evento, inclusive visões, sons e cheiros — os sentimentos e pensamentos que teve. Como você experimentou as pessoas e o mundo a seu redor?

Fique o tempo que precisar revivendo essa experiência. Quando se conscientizar bem dela, veja se pode dar um nome à qualidade (ou às qualidades) no centro dessa experiência. Ele é de paz, alegria, gratidão, clareza, admiração, aceitação, silêncio, carinho, integralidade ou de outro tipo? O que é para você?

Não se apresse. Quando estiver pronta, abra os olhos devagar. Se quiser, faça algumas anotações.

Agora que a própria experiência do Rio Interior está fresca em sua memória, vamos descobrir como deixar mais de suas águas revigorantes fluírem para sua vida cotidiana.

Capítulo 3

O começo

> "Não podemos fazer tudo e há um sentido
> de libertação nesse aspecto. Isso nos permite
> fazer algo e fazê-lo muito bem. Pode ser incompleto,
> mas é um começo, um passo ao longo do caminho."
> — Bispo Ken Untener, "Prophets of a Future
> Not Our Own" ("The Romero Prayer")

Abro este capítulo com algumas palavras de incentivo. Embora eu esteja escrevendo sobre o começo, na verdade você já começou o processo de livrar sua vida da tirania das coisas a fazer. O *reconhecimento* de que a vida está em desequilíbrio e a *intenção* de fazer escolhas diferentes são os primeiros passos cruciais nesse processo. Se você não tivesse reconhecido a necessidade de mais equilíbrio e decidido fazer algo a esse respeito, não estaria lendo este livro.

As sugestões neste capítulo visam preparar o caminho para as principais práticas que facilitam o acesso ao Rio Interior, delineadas na Parte Dois. Quando você se familiarizar com as ferramentas oferecidas aqui e em todo o livro, seu tempo e esforço terão mais valor se prestar atenção às práticas que parecerem mais de acordo com sua vida e com suas necessidades particulares. Você não tem de realizar todas elas. Concentre-se e dedique mais tempo às práticas que considerar mais úteis para você.

Reconhecer o poder da cultura

Como vimos no Capítulo 1, nossa cultura obcecada por velocidade exerce uma forte influência em nossa vida, embora nem sempre tenhamos consciência disso. Como está em toda parte ao nosso redor, como o ar que respiramos ou a água em que nadamos, muitas vezes ajustamos inconscientemente nosso ritmo às suas correntes cada vez mais rápidas. Para escolher um ritmo mais lento, temos de nos conscientizar da tendência natural a seguir o ritmo rápido incentivado pela cultura. Quando tomamos consciência das forças culturais, podemos começar a escolher um ritmo e estilo de vida mais sustentador e equilibrado.

Não é difícil reconhecer os modos pelos quais o ritmo e as prioridades culturais mudaram, sutil ou não tão sutilmente, nosso próprio ritmo natural e nossas prioridades. A mulher do Capítulo 1 que aceitara o serviço de chamada em espera de seu telefone, junto com a interrupção imprevisível mas certa que causava, é um exemplo disso. Quando ela percebeu que poderia cancelar esse suposto serviço, ficou feliz em atender a uma chamada de cada vez. Greta, outra mulher de um grupo do Rio Interior cujo escritório era em casa, sempre deixava seu computador ligado. Sempre que soava o aviso sonoro de um e-mail chegando, ela sentia necessidade de interromper o que estava fazendo, lê-lo e responder imediatamente. Quando se deu conta do preço que estava pagando por seu ritmo acelerado de trabalho, Greta deu um passo simples porém libertador: desativou o aviso sonoro.

É bastante natural que nosso ritmo esteja sincronizado com os do ambiente. O Dr. Stephan Rechtschaffen chama esse processo de *"entrainment"* ("arrastamento") em seu livro *Time Shifting*.[1] É a tendência natural a ritmos diferentes do mundo físico, assim como de pessoas e seus ambientes, se sincronizarem. Rechtschaffen observa, por exemplo, que as mulheres que vivem juntas em dormitórios universitários freqüentemente descobrem que seus ciclos menstruais começam a coincidir. Sobre a sincronização com um ritmo no ambiente, ele diz: "As cerimônias e os rituais religiosos sempre contaram com uma batida de tambor ou um canto coral para induzir um estado que põe a comunidade em uma freqüência rítmica mais lenta, permitindo uma experiência de vida mais profunda e espiritual." As pessoas também podem se sincronizar em um ritmo mais rápido: "Nós vivemos em um ritmo rápido o tempo todo... que determina nosso modo de andar, falar, reagir a conhecidos e estranhos, *não* relaxar ... O ritmo da sociedade moderna possibilita a mais poderosa — e, possivelmente, mais perniciosa — sincronização de todas."[2]

Não é preciso conhecer os detalhes de como isso funciona na natureza para saber intuitivamente que, quando uma força maior se depara com uma menor, a menor tende a se sincronizar com a maior. É por isso que quando nós, como indivíduos, nos deparamos com a força de nossa cultura de velocidade, nos apressamos em seguir seu ritmo dominante.

Quando Linda, uma assistente social, chegou a um de meus grupos, há anos tentava meditar. No grupo, estabeleceu o objetivo de começar e continuar a meditar em uma base diária. Quando falou na primeira noite sobre por que havia entrado no grupo, disse com considerável frustração: "Eu *sei* o que preciso fazer, e sei que isso me ajudará. São apenas quinze ou vinte minutos por dia. Então por que é tão difícil?" Minha resposta para Linda e muitas mulheres que expressam frustração com suas tentativas de desacelerar começa assim: "Quando você tentar se mover em um ritmo mais lento, nunca subestime o poder da cultura de fazê-la acelerar de novo."

Portanto, reconhecer o poder da cultura não é tanto uma prática a *realizar* quanto uma consciência a *cultivar*. Com essa consciência, somos lembradas de que é preciso esforçar-se para resistir à força da cultura. Isso nos ajuda a evitar a suposição de que as dificuldades que enfrentamos nesse processo se devem às nossas falhas pessoais. Essa consciência também apóia tudo que fazemos para desacelerar. Quando nos conscientizamos da grande influência da cultura, começamos a perceber os muitos outros modos pelos quais ela afeta nossa experiência. Se podemos escolher a velocidade com que nos moveremos no dia-a-dia, também podemos escolher por quanto tempo seguiremos o ritmo de nossa cultura de excesso de trabalho, consumo, atividade, interrupção, distração e assim por diante.

Obter apoio para o processo do Rio Interior

Quando reconhecemos o poder da cultura, podemos mudar nosso modo de pensar sobre a desaceleração. Passamos do "não deveria ser tão difícil" para o "considerando-se o que estou enfrentando, é lógico que não é fácil". Entendido isso, o próximo passo é encontrar modos de apoiar a nós mesmas e a nossas escolhas. O *American Heritage Dictionary* define "*apoiar*" como "evitar o enfraquecimento ou o fracasso; fortalecer". Dada a nossa tendência como indivíduos a nos sincronizar com a cultura, tudo que fortalece nossos esforços para estabelecer nosso próprio ritmo pode ser útil.

O apoio é o poder que energizou os grupos do Rio Interior que eu liderei durante os últimos anos. Repetidamente, as mulheres encontram força no que uma das participantes do grupo chama de "a irmandade da participação". Nos grupos, as mulheres não só descobrem que compartilham suas lutas, como também obtêm idéias, soluções concretas, novas perspectivas e inspiração umas das outras. Elas se dão coragem para seguir em frente.

Emma, mãe de três filhos, observa: "Na segurança desse círculo de mulheres, posso experimentar novas idéias ainda não totalmente formadas. Quando alguém diz 'gosto disso, acho que o experimentarei', ratifica o que eu estava pensando e me permite ir mais longe."

Pam encontrou apoio no grupo em sua luta para cuidar mais de si mesma. "Dou muito de mim e tenho dificuldade em receber. Esse é um antigo hábito muito difícil de quebrar. Achei muito útil ver as mulheres no grupo se concentrando em si mesmas; legitimou meu autocuidado, porque essas mulheres eram almas afins; não eram excessivamente autocentradas nem indulgentes. Eu as respeitava e por isso seus esforços para entrar em contato consigo mesmas fortaleceram os meus."

O apoio pode vir de muitas formas. Um grupo comunitário, de leitura, igreja, sinagoga ou feminino pode fornecer uma estrutura de apoio para trabalhar com os temas deste livro. Se o grupo não for uma opção, outra pessoa pode fornecer o apoio necessário. E, se não houver essa pessoa, este livro e outros podem ajudar você a prosseguir. (Veja a Leitura Recomendada no final deste livro.) Também há muitos outros recursos disponíveis para ajudá-la a desacelerar e encontrar mais equilíbrio em seu dia-a-dia. Por exemplo, você pode ter aulas de ioga, ouvir fitas de relaxamento, ir a workshops, palestras ou conferências. Além disso, grandes movimentos como o Take Back Your Time [Recupere seu tempo] e Slow Food [Refeição lenta] estão ganhando impulso nos Estados Unidos, no Canadá e na Europa. Take Back Your Time é uma iniciativa concentrada em dar poderes às pessoas e organizações para "enfrentar a epidemia de excesso de trabalho, compromissos e escassez de tempo que ameaça a saúde, as famílias... as comunidades e o meio ambiente" (www.timeday.or). Slow Food, dedicado a "restabelecer a cozinha e a mesa como centros de prazer, cultura e comunhão... e viver em um ritmo mais lento e harmonioso" começou na Itália e agora está presente em cinqüenta países (www.slowfoodusa.org). Mais fontes de apoio para a desaceleração e o resgate da vida estão surgindo o tempo todo. A chave é descobrir e usar as que funcionam para você.

Manter um diário

O diário é outro ótimo modo de entrar em contato com o Rio Interior. Eu uso um de vez em quando desde que tinha dez anos. Com dez, escrevia para expressar minhas queixas sobre minha família e amigos e registrar meu desempenho escolar e meus programas de tevê favoritos. Cheguei a dar um nome ao meu diário e o considerava um amigo no qual podia confiar. Na adolescência e no início da casa dos vinte, eu o usei para me ajudar a analisar meus relacionamentos e refletir sobre questões relacionadas com o significado da vida e a *minha* vida. Ao chegar à idade adulta, meu diário se tornou um lugar para registrar e buscar o significado de meus sonhos, resolver dificuldades amorosas e profissionais, ter novas idéias criativas, tomar coragem quando estava cheia de dúvidas ou desespero e, em geral, ouvir meu íntimo e me reencontrar quando sentia que minha vida estava saindo de controle.

Quando eu pensava no que dizer sobre diários neste capítulo, deparei-me com isto em um diário meu de cerca de vinte anos atrás: "Freqüentemente o valor destas páginas está em sua capacidade de me proporcionar um espaço para escrever sobre mim mesma sem medo, partir de meu eu pequeno para um quadro mais geral, ganhar perspectiva e às vezes entrar em contato com o Rio Interior." Muito do que escrevi naquela época expôs o conflito entre meu "eu insignificante", oprimido pela lista de tarefas a fazer, e o desejo de dar um passo atrás, olhar e me voltar para dentro. "Para que estou aqui, com caneta e papel? Antecipando alegremente uma conexão comigo mesma, uma volta ao meu eu, percebia que estivera fora, cuidando dos outros, do jardim, da casa e da interminável lista. Mas, quando se esteve longe, o caminho de volta é árduo. É mais difícil alcançar a profundidade, voltar ao Rio Interior."

Foi naquelas páginas em que descrevi reiteradas vezes o conflito do meu "eu insignificante" que surgiu a idéia dos grupos do Rio Interior. "Isso me ajudará a definir basicamente o que quero que o grupo seja... para obter algo das seis semanas: silêncio vivificante, refúgio em um espaço interior. Um curso sobre como alimentar a alma tem de incluir o que você *adora* fazer, não só o que *não* precisa tanto fazer.

E foi naquelas páginas que me debati em minha dúvida e inadequação, fazendo planos e tomando coragem, na véspera da primeira reunião do grupo, quando a parte perfeccionista de mim tentava assumir o comando: "Posso sentir minha energia me deixando à medida que o início do grupo se aproxima. Eu a perco de vista. Tudo que li tinha um programa, um método, um curso planejado... Bem, estou traçando meu curso à medida que avanço. Isto é um piloto... não tem de ser (e não será!) perfeito da primeira vez. Está tudo bem, Abby!"

Não há um só modo de manter um diário. O tipo de diário que levou ao surgimento do processo do Rio Interior e que eu recomendo em meus grupos se baseia nas "páginas matinais" de Julia Cameron, um processo descrito em seu livro *Guia prático para a criatividade — o caminho do artista*.[3] Ela sugere que todos os dias, antes de tomar café-da-manhã e banho ou escovar os dentes, você encha três páginas com literalmente *tudo* que vier à sua mente. O fundamental nesse tipo de diário é a escrita espontânea e sem censura. Como diz Cameron, *"não existe uma forma errada de escrever as páginas"* (em itálico no original). Com total permissão para pôr tudo na página, do banal ao profundo, efetivamente calamos a voz da autocrítica, ou o Censor, como a chama Cameron, que tende a bloquear nossa criatividade.

Embora Cameron se concentre em desbloquear o acesso às idéias criativas, minha experiência com as páginas matinais é a de que escrevê-las também desbloqueia o acesso ao eu mais profundo. Quando ponho no papel todos os pensamentos "superficiais" que passam pela minha cabeça (como, por exemplo, "minhas costas estão doendo esta manhã; realmente preciso telefonar para o fisioterapeuta... Ah, e também preciso ligar para G hoje..."), acontece algo interessante. A confusão acaba e as idéias começam a ficar claras. E, se continuo escrevendo, há um movimento natural da superfície para a profundidade. Isso pode não acontecer sempre que eu me sento para escrever, mas acontece algumas vezes, e, nessas ocasiões, é como se eu estivesse recebendo um presente. De certa forma, no processo de apenas escrever o que vem à minha cabeça, vou para um lugar mais profundo dentro de mim onde sempre há algum tipo de alimento para minha alma. Este é o principal objetivo de usar um diário no processo do Rio Interior: criar uma ponte de seu eu exterior para seu eu interior que ajude você a passar de sua vida superficial para a esfera do Rio Interior e receber o que ela tem para lhe dar.

Faça um registro das vitórias

O registro das vitórias é outro uso específico do diário que pode ser um modo importante de você se apoiar no processo de resgatar sua vida.[4] O primeiro passo é começar a anotar suas vitórias. Uma vitória é qualquer movimento que você faça na direção que quer seguir; todo passo, não importa o quão pequeno seja, rumo ao objetivo que estabeleceu para si mesma. Com "não importa o quão pequeno seja", quero dizer exatamente isso. Por exemplo, o objetivo de Margaret era mudar um velho padrão, aprendido com sua mãe, de reagir ao estresse com raiva. A vitória de Margaret ocorreu certa tarde, quando ela respirou profundamente e deixou de cair no padrão familiar de berrar com os filhos. O objetivo de Pat era deixar de agradar aos outros em detrimento próprio. Sua vitória foi recusar um convite para jantar no qual não estava realmente interessada. O objetivo de Kate era reduzir o tamanho de sua lista de coisas a fazer quebrando seu hábito de procrastinar. Sua vitória foi dar um telefonema difícil que adiava há dias.

Kate me contou que escreve todos os dias em seu diário e registra fielmente vitórias como aquele telefonema. Ela observou:

É quando escrevo no diário que me conscientizo das vitórias... "Ah, consegui fazer isso hoje" ou "realmente preciso fazer isso", e me animo a fazê-lo. O diário é muito importante para as vitórias. Freqüentemente escrevo sobre coisas que me desafiam, intimidam ou aborrecem, e, de algum modo, por meio da escrita, vejo o que está me fazendo adiá-las. Como telefonar para o consultor financeiro: ele ia falar sobre algo que eu não entendia e me intimidava o fato de ser especialista e eu não. Achava que ficaria confusa, não obteria a informação necessária e me sentiria mal depois da conversa. Quando escrevi sobre esse tema, ele evoluiu naturalmente para "se eu fizer isso, será uma vitória". Pude ver que a vitória seria *dar* o telefonema e que realmente não importava como eu me sentiria ao terminá-lo. Se eu me sentiria bem ou não, se minhas ansiedades se baseavam na realidade ou não, não era tão importante quanto ir em frente e dar o telefonema. Classificar o telefonema como uma vitória, independentemente de seu resultado, me ajudou a parar de procrastinar. Quanto mais o conceito de vitória está presente em minha cabeça, mais fácil se torna fazer as coisas complicadas.

Pequenos passos, grandes vitórias

Com freqüência, não progredimos na direção de mais equilíbrio na vida porque pensamos que nossas ações ou escolhas devem ser significativas, dramáticas e revolucionárias. Mas isso não é verdade. Trabalhando com pessoas durante mais de 25 anos, descobri que a melhor abordagem para qualquer tipo de mudança é pensar em termos de pequenos passos. Muitas vezes, quando tentamos realizar grandes mudanças rapidamente, as partes de nós que não estão prontas para mudanças drásticas se tornam temerosas e resistentes. Por isso, perdemos a coragem e desistimos quando a transformação não ocorre imediatamente. É claro que às vezes realizamos grandes mudanças porque escolhemos dar um salto necessário ou porque a vida nos faz dar um. Porém, o mais comum é a mudança ser menos drástica. Avançar na direção dos objetivos em passos pequenos e controláveis tende menos a produzir resistência, permitindo-nos seguir sem esforço novos padrões. Quando contamos cada pequeno passo como uma vitória, tomamos coragem, o que nos leva a seguir adiante.

Quando Elsa veio fazer terapia comigo, era uma "saltadora". Tinha uma imaginação vívida que produzia muitas idéias criativas e pouca paciência para colocá-las em prática. Parte de seu motivo para começar a terapia foi o que seu salto lhe havia custado. Elsa procurava modos de desacelerar e refletir mais sobre suas escolhas. O salto que prejudicou sua vida foi uma decisão precipitada de se mudar da Costa Leste para a Califórnia: "Eu estava sobrecarregada, trabalhando sete dias por semana. Era tamanha a pressão para continuar que não havia alívio, equilíbrio. Então meu remédio para isso foi me mudar para uma nova cidade onde não conhecia ninguém! E, a propósito, estava no sétimo mês de gravidez! Esse foi um salto típico meu." Elsa e o marido dedicaram pouco tempo ou energia a pesquisar o mercado antes da mudança. Assim que se mudaram, sua única perspectiva de trabalho não se concretizou. Elsa logo percebeu que havia uma recessão na Califórnia e que todo o trabalho em sua área estava na Costa Leste. Nem ela nem o marido conseguiram arranjar emprego e, como disse Elsa, "perdemos o chão".

Eles acabaram voltando para a Costa Leste e começaram a juntar os cacos. Pensando a esse respeito agora, Elsa considera a mudança para a Califórnia uma experiência importante que a levou a um novo modo de fazer mudanças em sua vida. Quando ela conseguiu arranjar um novo emprego, começamos a praticar dar pequenos passos na direção de objetivos controláveis. Há anos Elsa queria voltar a pintar, o que fizera em uma fase anterior de sua vida, mas achava que não poderia devido à falta de tempo, espaço e apoio, tudo isso alimentado pela insegurança quanto à sua capacidade como artista. Dividimos em pequenos passos o objetivo aparentemente impossível de voltar a pintar. Primeiro, ela teve de pedir o apoio do marido. Elsa achava isso difícil, mas foi fácil obter o apoio dele quando lhe relatou suas necessidades. Depois Elsa teve de arranjar um espaço em sua casa para pintar. O porão era o único lugar possível na época; outro passo foi arranjar uma lata de lixo grande e limpar o porão. Quando o lugar ficou pronto, ela teve de arranjar tempo: "Precisei tirar um dia de folga para pintar; isso foi difícil, não devido a um horário de trabalho rígido, mas por conta da culpa. A princípio, tive de fazer um esforço monumental, como se estivesse escalando o Everest! Mas depois se tornou mais fácil. E, agora, sexta-feira é o meu dia." O próximo passo foi realmente se sentar e pintar. Os pequenos passos foram tão importantes para Elsa que até mesmo quando ela se sentia insegura isso não tinha o poder de fazê-la parar. Passo a passo, Elsa reestruturou sua vida de modo a incluir uma forma de expressão criativa que lhe proporciona bem-estar e grande satisfação. "Quando estou fazendo minha arte, é como se tivesse alcançado êxito, e fico em paz com o mundo."

Antes de prosseguir com a história de Elsa, devo observar que, caso você esteja pensando, "eu *nunca* poderia tirar um dia inteiro de folga" ou algo como "talvez *ela* possa fazer isso, mas nunca funcionaria para mim", anote mentalmente esse pensamento. A parte sobre crenças bloqueadoras mais adiante neste capítulo tratará de pensamentos desse tipo. É verdade que Elsa tinha uma flexibilidade de trabalho incomum e que muitas pessoas não podem tirar um dia inteiro de folga por semana. Mas todas *podem* dar pequenos passos na direção de objetivos viáveis.

À medida que Elsa continuava a atingir objetivos em pequenos passos, uma nova e mais cuidadosa abordagem da mudança começou a substituir seu hábito de agir impulsivamente. Há pouco tempo, ela visitou pela primeira vez com sua família um lugar querido onde viveu durante vários anos de sua infância.

> Voltei com a idéia: "Não seria ótimo nos mudarmos para lá?" O novo comportamento foi não empacotar minhas coisas e me mudar. Um ano e vários meses depois, ainda tenho essa idéia, mas estamos dando pequenos passos; explorando-a, examinando coisas, analisando tudo cuidadosamente. Nós nos perguntamos: "Como realmente será? É o que queremos?" Sim, isso exige tempo e energia, mas, sinceramente, é mais divertido. E embora em minha mente seja um fato consumado, não significa que este seja o momento certo. A diferença entre essa atitude e a que eu tomar é como a diferença entre o dia e a noite.

Para Elsa, aprender a dar pequenos passos produziu algumas grandes vitórias: ela conseguiu trazer a pintura, uma atividade criativa que lhe dá grande prazer, de volta à sua vida e agir com maturidade em vez de tomar decisões importantes de uma forma impulsiva. Na verdade, todas as vitórias, não importa quão pequenas sejam, são importantes de duas maneiras: a primeira é que todo ato ou novo modo de pensar que acaba com a inércia do hábito pode promover uma virada para a direção desejada; a segunda é que as vitórias alcançadas se acumulam e, com o correr do tempo, criam muito sucesso, assim como um impulso adicional de mudar.

Crenças bloqueadoras

"Meu primeiro ato de liberdade será acreditar no livre-arbítrio."
— *William James*[5]

Neste ponto, já dei sugestões para desacelerar e recuperar sua vida o bastante para, caso você ainda não tenha pensado "Não tenho *tempo* para isso", estar pensando agora. Esse é um exemplo típico de crença bloqueadora.[6] Crenças bloqueadoras são pensamentos, conscientes ou não, que nos fazem parar antes de começar a agir. São contestações mentais que tolhem o impulso de mudar. Geralmente, lidamos com essas crenças ignorando-as. Fazemos o possível para mantê-las na periferia ou totalmente fora de nossa consciência. O problema é que essa abordagem simplesmente não funciona.

Digamos que eu sei que quero ler este livro e começar a seguir algumas das sugestões para reequilibrar minha vida. Enquanto eu o leio, o pensamento "Não tenho *tempo* para isso" surge em minha mente. Eu o afasto e volto a ler. A seguir, sinto muito sono, lembro de algo em minha lista que *tem* de ser feito agora ou acabo de ler um capítulo, mas decido não fazer os exercícios. Ou faço os exercícios, mas da próxima vez em que me sento para ler não consigo encontrar o livro. Isso soa familiar? De um modo ou de outro, se "Não tenho tempo!" não é conscientemente examinado, pode sabotar minha intenção.

Quando tenho consciência de uma crença bloqueadora, posso escolher como agir. Quando não tenho, meu comportamento é limitado por essa suposição ou atitude mental. Na verdade, esse princípio psicológico é a base de grande parte do trabalho descrito neste livro. Quando nos conscientizamos das forças que nos afetam, temos o poder de escolher nossas ações.

Nesta parte e nos próximos seis capítulos, falarei sobre algumas das crenças mais comuns que impedem o progresso individual e apresentarei algumas estratégias para neutralizar os efeitos negativos dessas atitudes mentais. É importante saber que as crenças nem sempre são verdadeiras. Isso pode parecer óbvio, mas, quando operamos a partir de crenças não examinadas, agimos como se fossem.

Crença bloqueadora: "Não tenho tempo para isso!"

Vamos examinar melhor essa crença, uma das mais comuns em nossa cultura de velocidade e falta de tempo.

Sara, uma cliente minha, é estudante universitária. Saiu-se bem durante algum tempo, até ela e o namorado romperem, o que a levou a me telefonar. Sentia-se deprimida e insegura, e seu antigo medo de ficar sozinha havia voltado. Anteriormente, quando trabalhamos com esse medo, Sara se lembrara de uma experiência muito positiva que teve no ensino médio, quando fez uma viagem a uma região selvagem que incluiu ficar um pouco sozinha. Durante esse tempo, Sara escreveu muito em seu diário. Ela voltou se sentindo muito confiante e inteira. Desde então, passou a usar de vez em quando o diário como um modo de se reconectar com sua força interior. Sugeri que escrevesse algumas vezes por semana. A primeira reação de Sara foi: "Simplesmente não tenho tempo para isso. Estou com muitos trabalhos de classe para fazer, o futebol toma um tempo enorme e não quero desistir de meu trabalho voluntário no abrigo local." Nós falamos um pouco sobre os compromissos dela e se poderia arranjar algum tempo para escrever em seu diário, mas nada parecia certo. Era verdade que tinha muito que fazer, mas finalmente salientei que havia conseguido arranjar tempo para se encontrar comigo. "Como conseguiu?", perguntei. "Ah!", disse ela. "Você tem razão. Bem pensado. Sim, consegui." Nesse momento, Sara conseguiu transpor a crença "Não tenho tempo para isso". Até então, achara objetivamente que não tinha. Quando percebeu que era possível arranjar tempo em seu horário, conseguimos pensar em três momentos na semana seguinte em que poderia escrever em seu diário.

Esse exemplo ilustra o poder de uma crença bloqueadora — *parece* objetivamente verdadeira. É claro que há situações em que *é* de fato e não temos tempo para uma determinada coisa. Mas essa crença bloqueadora, em geral apoiada por sentimentos inconscientes, nos impede até mesmo de pensar em como *poderíamos* arranjar tempo para fazer o que queremos. Às vezes, como no caso de Sara, só precisamos contestá-la para perceber que podemos ir além dela. Em outras ocasiões, as crenças bloqueadoras estão mais profundamente arraigadas e temos de descobrir suas origens para nos livrar de seu poder. Esses tipos de crenças serão examinados em capítulos posteriores.

Se "Não tenho *tempo* para isso" for uma crença bloqueadora que você identificou em si mesma, reserve alguns minutos agora para fazer o exercício a seguir. Se não for, verifique se há outras crenças que poderiam estar bloqueando você neste ponto do processo. Se notou algum sentimento negativo ao ler a história de Elsa, essa poderia ser sua crença bloqueadora. Outros exemplos poderiam ser: "Outras pessoas podem fazer esse tipo de coisa, mas eu não sou boa nisso", "Se eu realmente desacelerar, ficarei muito fora de sincronia com meus amigo, meu cônjuge, minha família, meus colaboradores". Se você identificar uma crença bloqueadora, anote-a e dê os passos 2 a 4 do exercício.

Observação importante: pode *não* haver nada bloqueando você neste momento. Não presuma que há uma crença que impede cada passo do caminho. Se você não perceber nenhum grande obstáculo emocional ou mental à sua motivação de realizar o processo, vá em frente!

✿ Exercício: Vá além de "Não tenho tempo para isso!"

Este exercício é uma oportunidade de desautorizar a crença de que você não tem tempo para desacelerar e recuperar o controle de sua vida.

1. Faça uma lista de todos os motivos pelos quais não pode passar algum tempo lendo este livro ou fazendo os exercícios. Tirar essa lista da cabeça e pôr no papel será em si uma providência útil. Você pode relacionar motivos como estes:

   - Meu trabalho exige muito de mim.
   - Eu leio muito devagar.
   - Fico muito cansada à noite e essa é a única hora que tenho para ler.
   - Esse tipo de coisa nunca funciona para mim, por isso não deveria perder tempo com ela.
   - Eu tenho filhos pequenos, não tenho tempo livre suficiente.

   Anote tudo que tenha a ver com o motivo pelo qual você não pode.

2. Depois de relacionar todos os motivos pelos quais não pode fazer isso, pergunte a si mesma: "Qual é minha motivação para ler este livro e fazer os exercícios?" (É fácil perder de vista por que *queremos* fazer alguma coisa quando estamos sob a barreira de por que não podemos.) Seja específica e anote. Por exemplo, você pode relacionar motivos como os que se seguem:

   - Quero sentir menos estresse e mais calma em minha rotina diária.
   - Quero estar disponível e disposta a me concentrar em meus filhos quando eles voltarem da escola.
   - Quero ter algum tempo todos os dias para recarregar minhas baterias, não importa o quanto isso demore.
   - Quero incluir em minha semana relaxamento e diversão sem culpa, além de trabalho e obrigações.
   - Quero arranjar tempo para desenhar (cantar, costurar, esculpir ou qualquer que seja seu interesse criativo) agora, não daqui a dez anos.

3. Agora se pergunte: "Qual crença poderia reforçar em vez de bloquear minha intenção de ler este livro?" Por exemplo, talvez você diga para si mesma:

- Posso decidir arranjar tempo para as coisas mais importantes em minha vida.
- Meu relógio não controla a minha vida, eu a controlo.

4. Quando você se sentar para ler ou fazer um exercício, tente começar repetindo para si mesma sua nova crença. A princípio, isso pode parecer artificial ou forçado. De qualquer modo, repita. Sempre que pensar "Não tenho tempo para isso", tente conscientemente substituir esse pensamento pela nova crença e veja qual é seu efeito.

❦ Exercício: Comece um diário, registre uma vitória

Se você decidir manter um diário, o mais importante é que isso seja viável em *sua* vida. Se significar fazer "páginas matinais" à noite, ótimo. Se significar escrever três (ou menos) vezes por semana durante a hora do almoço ou apenas nos fins de semana, tudo bem. A maioria das pessoas escreve usando caneta e papel. Uma mulher em um de meus grupos tinha fibromialgia, o que lhe dificultava o ato físico de escrever. Por esse motivo, digitava o diário em seu computador. Faça o que for melhor para você.

Antes de começar, pense um pouco no local e no momento em que escreverá seu diário. Isso é importante por dois motivos: é mais provável que a escrita aconteça se for viável em *sua* vida e em seu ritmo diário e se você não a deixar nas mãos do destino.

Algumas mulheres se preocupam com a privacidade. "E se alguém encontrar e ler meu diário?" Se você achar que o diário será uma fonte de apoio, por favor não deixe que essa preocupação a impeça de usá-lo. Às vezes, quando examinado, esse medo se revela uma crença bloqueadora, um temor sem fundamento real. Se a preocupação for válida, há modos de garantir privacidade suficiente. Algumas mulheres com quem trabalhei tinham esconderijos seguros. Outras escreviam e depois rasgavam as páginas. Embora possa ser útil reler de vez em quando o que você escreveu, o *processo* é mais importante do que o produto final. É melhor escrever e rasgar a página do que não escrever.

Se você ainda não tem um diário, arranje um livro em branco que lhe pareça adequado. Eu já usei de tudo, de diários com belas capas revestidas de tecido e cadernos de desenho artístico a cadernos de espiral vendidos em lojas de conveniências. Se as coisas bonitas e bem decoradas despertarem seu lado crítico ("Um belo livro deve ser muito bem escrito"), visite a loja de conveniências. Se as coisas simples e baratas não a atraírem, encontre um livro em branco que a faça sorrir e a convide a abri-lo quando olhar para a capa.

O mais importante de tudo é começar! Se você já escreveu um diário, use esse processo do Rio Interior como uma motivação para recomeçar ou continuar. Se nunca escreveu, esta é uma oportunidade de experimentar e ver por si mesma o valor que tem para você. Faça isso por pelo menos duas semanas; depois, pode decidir se deseja continuar.

Quando você começar a escrever seu diário, registre pelo menos uma vitória na primeira semana. Eu repito que uma vitória é todo passo, não importa quão pequeno seja, rumo ao objetivo que você estabeleceu para si mesma. Adquirir um diário é uma vitória. Estabelecer um horário para escrever é outra. Escrever nele também. Já são três vitórias.

Mesmo que você não use o diário para mais nada, recomendo que faça um registro de suas vitórias. Pode ser em uma parte separada do diário ou de qualquer uma de suas páginas, ou você pode simplesmente registrar suas vitórias enquanto escreve, destacando-as com lumicolor ou com uma caneta colorida. Para ajudá-la a começar, você encontrará algumas páginas para o registro de vitórias no final deste livro. Se não quiser manter um diário, pode fazer um registro de suas vitórias lá. Registrar por escrito as vitórias ajuda a fixá-las em sua consciência como pontos de referência positivos. Em momentos de dúvida ou desânimo, é útil poder ver suas vitórias na página e se lembrar do progresso que já fez.

As páginas preliminares descritas neste capítulo — reconhecer o poder da cultura, obter apoio e manter um diário — são ferramentas que ajudam a trazer mais equilíbrio e profundidade para a vida cotidiana. Além disso, preparam o caminho para as práticas delineadas na Parte Dois, o ponto central do processo do Rio Interior.

Parte Dois

O contato com o Rio Interior
As práticas

Os próximos seis capítulos detalham as ferramentas essenciais para nos livrarmos da tirania das listas de tarefas a fazer e obter sustento do Rio Interior. Às vezes, suas ricas águas fluem espontaneamente para a vida à superfície. Se costumamos ver a luz do sol incidir de certa maneira sobre uma árvore coberta de neve ou se paramos tempo o suficiente para olhar nos olhos de uma criança, podemos espontaneamente desacelerar, nos abrir e entrar em contato com o Rio Interior. Pode-se dizer que, em determinadas ocasiões, isso acontece por intermédio da graça. Não podemos *fazer* com que aconteça. Mas *podemos criar condições em nossa vida cotidiana que nos dêem mais acesso à esfera do Rio Interior*. As ferramentas nos próximos seis capítulos, junto com as sugestões delineadas no Capítulo 3, são os meios que levam a esse fim. Repito que você não tem de usar todos. É útil pensar em pequenos passos e ser seletiva, concentrando-se nas práticas que abordam o que é mais necessário em sua vida. No cômputo geral, nesses capítulos você encontrará uma ótima caixa de ferramentas para trazer equilíbrio e profundidade para a vida cotidiana.

Capítulo 4

Introspecção

"Certas primaveras só são aproveitadas quando estamos sozinhos."
— Anne Morrow Lindbergh, *Presente do mar*

Em seu livro clássico de ensaios *Presente do mar*, Anne Morrow Lindbergh compartilha suas reflexões sobre as mulheres em relacionamentos e sozinhas. Escrito há mais de cinqüenta anos, esse belo livro contém sabedoria eterna. Anne diz: "As mulheres precisam de solitude para reencontrar sua verdadeira essência: aquele fio firme que será o centro indispensável de toda uma rede de relacionamentos humanos."[1]

Nessa e em outras passagens, ela salienta o que eu considero a prática mais fundamental do processo do Rio Interior: a introspecção, que é como um intervalo. Para as crianças, o intervalo geralmente é oferecido em uma situação estressante ou fora de controle como uma oportunidade de a criança (e, freqüentemente, o adulto) se acalmar. Nos esportes, os treinadores usam intervalos para ajudar a equipe a interromper a ação, repensar a estratégia, descansar, reorientar-se e moderar o ritmo do jogo. Tanto o intervalo quanto a introspecção significam uma interrupção da atividade, mas no intervalo geralmente é apenas momentânea. A introspecção enfatiza não a atividade que estamos interrompendo, mas a *qualidade* do tempo despendido. Quando nos introvertemos, deixamos para trás exigências, responsabilidades e distrações externas e nos voltamos para dentro. Uma das características dessa prática é que é realizada a sós.

O objetivo da introspecção é encontrar aquele fio firme de que fala Lindbergh. Precisamos nos afastar de papéis, relacionamentos e atividades que normalmente nos definem como parceiras, esposas, colaboradoras, mães, irmãs, amigas etc. e entrar na solitude para encontrar nossa verdadeira essência e ter um relacionamento mais direto com nós mesmas.

Como praticar a introspecção

Há uma infinidade de modos de fazer isso. Para Carla, mãe de duas crianças pequenas, um deles é sentar-se à mesa da cozinha e tomar uma xícara de chá durante a sesta delas. Para Judy, é caminhar à hora do almoço no bosque perto de seu escritório. Para Kay, é escrever suas páginas matinais.

Tara transformou sua ida para o trabalho de manhã em seu tempo para a introspecção. Ela conhece bem o caminho, quase todo pela autoestrada. Chama isso de seu "tempo de intervalo": entre as exigências da casa e do trabalho, desliga o rádio e o celular e fica em silêncio enquanto dirige. "Não é o silêncio profundo do campo", diz, "mas a quietude em relação à casa e ao trabalho durante a maior parte do tempo. E ninguém me interrompe! Posso pensar em paz".

O tempo de Catherine para a introspecção é durante sua corrida matinal. "Quando estou correndo, tiro toda a lista da minha mente. Fico apenas ali, com minha respiração e meu corpo em movimento, o ar e a calçada. Isso me leva de volta ao básico, a mim mesma."

Praticar a introspecção pode consistir em se sentar em uma cadeira olhando para fora da janela sem fazer coisa alguma; meditar, rezar, escrever em seu diário, ouvir música ou desenhar. Pode ser uma caminhada, mas *não* uma caminhada enérgica ouvindo rádio e usando um cronômetro para medir o tempo e se certificar de que está indo rápido o suficiente para manter os batimentos cardíacos acelerados. Tampouco é caminhar com uma amiga, por mais que isso possa ser agradável. Estas são as características-chave dos momentos de introspecção, independentemente da forma que assumam:

- São momentos sem interrupções, distrações ou excesso de tarefas.
- São momentos a sós consigo mesma.
- Embora você possa estar realizando uma atividade, a ênfase é mais em *estar* consigo mesma do que em *fazer* algo.

Nem toda atividade leva à introspecção. Quando descrevi isso pela primeira vez para um de meus grupos, uma mulher disse: "Geralmente, quando tenho um pouco de tempo para mim mesma, vou ao shopping resolver coisas. Acho que não é disso que você está falando, é?" Não, não é do que estou falando.

Madeleine L'Engle, em seu livro autobiográfico *A Circle of Quiet*, dá um bom exemplo do que *estou* falando:

> De vez em quando preciso cair FORA... fugir de tudo — de todas as pessoas que mais adoro no mundo — para recuperar um senso de proporção... Freqüentemente preciso me afastar totalmente, nem que seja por apenas alguns minutos. Meu lugar especial é um riacho em uma clareira verde, um círculo de silêncio sem qualquer sinal visível de seres humanos. Há uma ponte de pedra natural sobre o riacho. Eu me sento ali balançando as pernas e olhando através da folhagem para o céu refletido na água e aos poucos as coisas são postas novamente em perspectiva... Se eu ficar sentada por algum tempo, a impaciência, a irritação e a frustração são aniquiladas e eu recupero meu senso de humor.[2]

O objetivo e o efeito da introversão são a renovação profunda proporcionada pela concentração no interior e a solitude. A introspecção é um portal para a esfera do Rio Interior. A renovação por intermédio do retiro solitário é uma prática consagrada pelo tempo na maioria das grandes religiões do mundo. O cristianismo, o judaísmo, o islamismo, o budismo e o hinduísmo incluem tradições de retiro espiritual como parte de seus ensinamentos de sabedoria. Como não é fácil para ninguém deixar a vida de lado para participar de retiros de longa duração, praticar a introspecção é um modo de incorporar a solitude à vida cotidiana a fim de obter regularmente o sustento da esfera do Rio Interior.

Tradicionalmente, o tempo para a introspecção também se apresenta em uma base semanal na forma de um dia de descanso religioso. Nas tradições judaico-cristãs e muçulmanas, esse deve ser um tempo sagrado para desacelerar, descansar, refletir, afastar-se das preocupações materiais e se concentrar na vida espiritual — um tempo para ser, em vez de fazer.

Eu me lembro de que, quando meus filhos eram muito pequenos, senti o que L'Engle descreve como uma necessidade de "me afastar totalmente".

A necessidade de solitude acabou me levando a criar o que chamei de meus "dias de refúgio". Elaborei uma tabela de horários com meu marido de modo a poder, uma vez por semana aos domingos, me ausentar de casa por várias horas. Nunca foi por um dia inteiro, mas geralmente por apenas três ou quatro horas. Às vezes eu ia a um mosteiro próximo que aceitava convidados ou, quando o tempo estava quente, caminhava no bosque. Em outras ocasiões me sentava sozinha em um bar ou restaurante em que podia me manter anônima e escrever em meu diário. Eu saía de casa para poder me afastar não só de minha família como também da influência da sempre presente lista de coisas a fazer.

Esse tempo maior para a introspecção uma vez por semana foi uma corda salva-vidas para mim, ajudando-me a manter o equilíbrio nos anos em que a criação de meus filhos foi mais trabalhosa. Quando eles cresceram, comecei a fazer retiros silenciosos de uma semana, uma vez por ano. Quando você entende a importância da introspecção e experimenta seus benefícios, pode procurar modos de incorporá-la à sua vida em uma base diária, semanal, mensal ou anual — ou todas as bases acima!

Obstáculos à introspecção

Se a introspecção é uma prática tão simples, por que muitos de nós acham difícil realizá-la? Uma resposta é que esse tipo de tempo não é valorizado em nossa cultura e nem sempre reconhecemos sua importância. As observações de Anne Morrow Lindbergh sobre tempo a sós para introspecção em nossa cultura são tão relevantes agora quanto eram meio século atrás:

> O mundo de hoje não entende a necessidade do homem ou da mulher de estar só. Ela parece inexplicável. Tudo o mais será aceito como uma desculpa melhor. Se uma pessoa reserva tempo para um encontro de negócios, uma ida ao cabeleireiro, um compromisso social ou um passeio no shopping, esse tempo é aceito como inviolável. Mas se uma pessoa fala: "não posso ir porque essa é minha hora de estar só", é considerada rude, egoísta ou estranha. O que dizer sobre nossa civilização, quando estar só é considerado suspeito?

É preciso justificá-lo, arranjar desculpas, esconder o fato de que é o que se vai fazer — como se fosse um vício secreto![3]

O tempo a sós também pode ser desvalorizado pela idéia comum nesta cultura de que as mulheres ficam melhor acompanhadas do que sozinhas. As mulheres tendem a ser definidas no *relacionamento*. Nós aprendemos que não deveríamos ficar sozinhas por opção, mas apenas se não houver uma companhia disponível. Presume-se que estar só é o mesmo que ser só. Se a solidão tem sido nossa principal experiência quando estamos sozinhas, não admira que associemos uma coisa à outra. Se não pudermos separar a solidão do estar só, não daremos prioridade à busca pela solitude da introspecção. A escritora e poetisa May Sarton diz: "A solidão é a pobreza do eu. A solitude é a riqueza do eu."[4] Saber a diferença entre as duas torna o tempo para a introspecção muito mais atraente. (Para ler mais sobre saber a diferença, veja a parte "Crença bloqueadora" no final deste capítulo.)

Como não vivemos em uma cultura que valoriza a contemplação e a reflexão, e a solitude não é uma norma social, pode ser difícil arranjar tempo para a introspecção porque não sabemos como fazer isso. Quando Marilyn, mãe de três filhos e executiva de marketing que trabalhava em tempo integral, começou a participar de um grupo do Rio Interior, o conceito de introspecção era totalmente novo para ela. Marilyn se orgulhava de fazer malabarismos para conciliar as responsabilidades de sua carreira e de sua vida doméstica, além de vários projetos voluntários em sua comunidade, geralmente sem errar. A idéia de estar sozinha e "não fazer nada" mesmo que por pouco tempo a fazia se sentir extremamente desconfortável. Embora eu tenha conhecido muitas mulheres com alguma experiência em solitude intencional, outras, como Marilyn, precisam começar a pensar na possibilidade de introspecção e no que isso poderia lhes oferecer. Elas precisam de uma chance de repensar sua suposição de que se concentrar no exterior e se manter ocupadas sempre é a melhor escolha. Quando Marilyn decidiu experimentar a introspecção, começou se sentando quieta em uma cadeira, sozinha, em sua sala de estar, por apenas cinco minutos, tempo que, a princípio, lhe pareceu uma eternidade.

Usando a abordagem de pequenos passos, conseguiu se sentar por dez minutos sozinha. No início sua introspecção foi cheia de pensamentos sobre perder tempo e o que mais poderia estar fazendo ou *faria* assim que se levantasse. Mas finalmente ela começou a se sentir mais confortável com esse tempo para apenas ser, em vez de fazer, e a ansiar por ele como uma chance de parar, avaliar como se sentia e interromper o movimento constante de fazer as coisas da lista. Ela não se sentava quieta todos os dias, mas começou a ser capaz de perceber quando precisava disso.

Há outros dois motivos pelos quais a introspecção não é tão fácil quanto parece. O primeiro é que nossa vida simplesmente se impõe a nós. Se não reivindicarmos esse tempo para nós mesmas, o mais provável é que não o tenhamos. Muitas outras coisas — a lista de tarefas a fazer, o trabalho, a casa, os bens materiais, os relacionamentos, a comunidade — clamam por nosso tempo e atenção. Como as exigências que enfrentamos todos os dias têm uma força descomunal, precisamos aprender a estabelecer limites claros. Essa é uma habilidade tão importante, não só para arranjar tempo para a introspecção como também para encontrar profundidade e sentido na vida, que tem seu próprio capítulo como uma das práticas do Rio Interior.

O último motivo pelo qual a introspecção pode ser difícil é que, quando estamos a sós e com menos distrações, os pensamentos e problemas da vida que empurramos para a periferia de nossa consciência podem emergir, o que às vezes é algo assustador. Ficar à vontade com sentimentos difíceis facilita a introspecção e diminui nossa possível resistência a qualquer tipo de contato profundo com nós mesmas. Por isso, aceitar os sentimentos é outra prática do Rio Interior, que abordo no Capítulo 6.

Os benefícios da introspecção

A introspecção nos traz benefícios imensuráveis que não são facilmente obtidos sem ela. O educador Parker Palmer diz: "Nós fomos feitos para a solitude. Nossa vida pode ser rica em relacionamentos, mas o eu humano interior continua a ser um mistério que ninguém pode desvendar. Se não aceitarmos nosso isolamento básico e buscarmos sentido apenas na comunhão com os outros, murcharemos e morreremos... Quanto mais longe vamos na direção do grande Mistério, mais devemos ficar à vontade com nosso isolamento essencial a fim de permanecer saudáveis e inteiros."[5]

Como o poder de nossa cultura voltada para as conquistas e realizações é um obstáculo à introspecção, acho que as leitoras podem precisar de um pouco de incentivo para começar ou revitalizar essa prática. Por isso, forneço alguns exemplos de mulheres que aprenderam a incorporá-la a seu dia-a-dia. Espero que saber o que essa prática simples lhes proporciona inspire você a torná-la uma prática regular em sua vida.

Angela: "Minha caminhada é tempo com o Espírito."

O tempo de Angela para a introspecção é uma caminhada no início da manhã no bosque perto de sua casa. Ela diz: "Quando entro no bosque, é como se passasse por um portal onde está escrito 'agora você pode deixar o resto para trás'. Minha caminhada é tempo com o Espírito; quase uma oração." Ela faz essa "caminhada de oração na natureza" há nove anos. Angela é uma mulher baixa, de compleição delicada, mas caminha independentemente das condições meteorológicas — não importa se está nevando, chovendo, chovendo e nevando, ventando, fazendo muito calor ou frio — de todas as estações na Nova Inglaterra. Sua constância é a causa e a conseqüência dos benefícios que obtém. "Há algo de muito forte em caminhar no mesmo terreno todos os dias em todas as estações. Eu nunca fiz algo em um mesmo lugar por tanto tempo. Isso é como uma âncora para mim. Se não caminho, sinto-me como um animal enjaulado. Começo a ter a sensação de que estou presa pela cultura em que vivemos, que diz, 'tem de ser assim', e cada coisa que diz é uma barra da jaula."

As caminhadas não só dão a Angela uma sensação de liberdade, como também a preparam para o que ela precisa fazer a cada dia. Com o passar do tempo, essa prática lhe deu mais capacidade de lidar com a vida:

Posso fazer mais malabarismos, mas também estar mais presente do que estaria se não caminhasse. A caminhada diária permitiu que a caixa em que guardo minha vida se expandisse. Digamos que você comece com uma caixa pequena quando é criança e a cada ano ela se expanda com a experiência, o conhecimento e a sabedoria que adquire. De algum modo, a caminhada permitiu que a caixa se expandisse mais do que imaginei que pudesse. Então, agora minha caixa tem mais espaço, e eu posso fazer mais. Posso ser mãe, filha, amiga, parceira e profissional.

Além disso, antes de começar a caminhar, eu era muito mais rígida em relação às coisas. Tinha de ter ordem, não conseguia lidar com o caos. A caminhada me permitiu tolerar — e, em alguns casos, realmente buscar — o que não está organizado e disposto de um modo linear. Antes, eu me concentrava muito na próxima atividade da lista, na próxima tarefa, em dar conta de tudo, e era muito rígida em relação a isso.

Os efeitos da caminhada diária permearam a vida de Angela de um modo gradual. Sobre abandonar sua rigidez, ela observa: "Aos poucos, sem que eu percebesse, a mudança me levou a esse modo mais amplo de pensar e de ser. Quando olho para fotos minhas, consigo ver a diferença entre antes e depois de começar a caminhar." Além disso, ela descobriu que era capaz de obter os benefícios da caminhada mesmo quando não podia ir ao bosque:

> Quando voltei a um emprego corporativo, não conseguia seguir o ritmo de me levantar *tão* cedo para caminhar e depois pegar o trem. Mas no trem me dei conta de que poderia fechar os olhos e estar no bosque — no lugar por onde caminho há tanto tempo. Isso me deixou impressionada! Eu podia ouvir o som que sei que meus pés fazem quando piso na terra, sentir a água, as árvores... então percebi que havia incorporado o que a terra compartilhou comigo a meu próprio ser. Isso levou anos, e eu nem mesmo sabia que estava acontecendo!

Dorothy: "É uma questão de felicidade."

O tempo de Dorothy para a introspecção é sempre no final da tarde, mas o que ela faz nesse tempo varia. Às vezes escreve em seu diário; com mais freqüência, medita durante meia hora, quase sempre ao ar livre. Ela diz com simplicidade: "É uma questão de felicidade. Se eu não faço isso, não me sinto tão feliz. Se não reúno de algum modo meus pensamentos perto do fim do dia, seja expressando-os no diário ou deixando que se acalmem por meio da meditação, fico irritada com os outros ou insegura, ou as duas coisas." Dorothy começou a criar solitude intencional em suas tardes há cerca de sete anos. Quando a introspecção se tornou uma parte mais sólida de sua rotina diária, ela notou um efeito sutil:

> Quando começo minha introspecção, costumo ficar um pouco tensa e meu foco é limitado. No início é *literalmente* limitado. Em geral, só tenho consciência daquilo diante do qual estou sentada. Perto do fim, estou mais consciente das coisas na periferia de meu campo visual. Parece que a introspecção realmente expande minha visão. Isso não é algo que eu planeje fazer; apenas acontece. E eu acho que é uma metáfora para o que ocorre com meus pensamentos. Eu posso pôr em foco um problema com o qual me debati durante toda a tarde e só conseguir vê-lo em minha mente assim que me sento. Quando medito ou escrevo, o mundo exterior se aproxima um pouco mais ou eu tenho uma visão mais abrangente do problema. Sinto-me mais tranqüila e tenho uma idéia do que posso fazer para as coisas acontecerem.

Dorothy descreve o que chama de "campo mais amplo", no qual lhe ocorrem mais possibilidades criativas sobre como lidar ou reagir a muitas situações de vida diferentes. "Deixo surgirem mais idéias de como lidar com uma interação delicada com as pessoas que supervisiono no trabalho ou com os membros da família. Ou deixo as coisas se expandirem a partir da primeira idéia que tenho de como costurar algo, e então surgem novas idéias de como fazer uma blusa ou um vestido."

Esse tipo de passagem para um "campo mais amplo" resultante da introspecção é sutil e um pouco difícil de descrever, mas para Dorothy é inestimável e vale o tempo que leva no final da tarde. Não só influi na qualidade de seus relacionamentos e de seu trabalho criativo, como é uma chave para sua sensação geral de felicidade na vida.

Lydia: "De certo modo, relaxei na vida."

Lydia é assistente social e diretora de uma agência de serviços sociais, um cargo gratificante, mas que exige muito dela. Seus filhos cresceram, mas um deles tem uma doença crônica que é uma fonte constante de preocupação. Quando Lydia me telefonou, disse que apenas ler a descrição do grupo do Rio Interior a levou às lágrimas. Embora os conceitos não fossem novos para ela, percebeu que precisava de ajuda para incorporar mais plena e sistematicamente as práticas do Rio Interior à sua vida cotidiana. Lydia já tinha um modo de praticar a introspecção. O grupo a ajudou a acrescentar-lhe alguns elementos novos e a se empenhar mais nisso. Eis o que ela faz:

> Criei um pequeno ritual matutino. Levanto-me às 5h30. Faço uma xícara de chá, cubro-a e a coloco onde antes era o quarto de minha filha e onde tenho uma pequena escrivaninha. Então entro no que era o quarto do meu filho e medito por vinte minutos. Meditar regularmente é algo novo e muito difícil para mim; minha mente sempre divaga, mesmo nessa hora, mas faço isso porque me ajuda. Depois atravesso o corredor e vou para o quarto de minha filha; tenho quatro velas lá, e acendo todas. Escrevo um pouco em meu diário. Quando termino, falo com as velas. Uma delas é para meu marido, duas são para meus filhos e uma é para mim. Antes havia apenas três na escrivaninha, para eles, mas desde que entrei no grupo acrescentei uma quarta para mim. Meus filhos são adultos agora, mas há certas coisas que quero continuar dizendo para eles e as digo todas as manhãs. E então digo algo para mim mesma: "Você pode ter mais confiança", "Abra-se mais" ou algo nesse gênero.
>
> Depois, apago as velas e, se tenho tempo, vou passear com o cachorro. Há um campo perto de onde moro. Há algo nele que me faz sentir que preciso parar ali e agradecer. Faço uma oração de gratidão (enquanto meu cão corre ao redor) e então vou para casa e começo meu dia.

Você pensa, ao ler sobre a introspecção matutina de Lydia, "Eu *nunca* poderia ter tanto tempo para mim mesma no começo do dia — ou em *nenhum* momento do dia!"? Lydia também teve pensamentos desse tipo, mas eis o que ela diz agora:

> Sigo uma rotina de duas horas pela manhã. Tenho de sair de casa às 7h30. No início achava que precisar desse tempo para a introspecção revelava um pouco de egoísmo e fraqueza. Eu deveria apenas sair da cama e voltar para o campo de batalha! Agora concluí que levo duas horas todas as manhãs para reunir a força de que realmente necessito. Eu tenho de lidar com questões importantes, e isso consome duas horas por dia. Se for isso que me faz falta, então eu o farei.

O tempo investido no ritual matutino foi compensador para Lydia. Ela descreve o impacto assim:

> Esse tempo realmente me ajudou a reduzir a ansiedade e a pressão que exercia sobre mim mesma. De certo modo, relaxei na vida. Recentemente, passei pelo teste final de mudança de atitude — meus parentes por afinidade chegaram para sua visita anual. Isso sempre foi difícil, mas este ano tirei de letra. Não tive a ansiedade antecipatória normal; consegui conversar com meus parentes gentil e carinhosamente, o que antes não considerava fácil, e realmente me senti grata a eles pelo que fizeram por mim e pelas crianças durante todos esses anos. Minha atitude foi muito diferente e influiu na capacidade de meu marido de lidar bem com as visitas. Ele também passou a semana com um mínimo de estresse.

Outro benefício surpreendente para Lydia é sua energia física. Para acrescentar a meditação a seu ritual, ela programou o despertador para tocar meia hora mais cedo, às 5h30, em vez de 6 horas. "Mas", diz ela com um tom de surpresa, "tenho seis horas de sono por noite e não me sinto cansada. Não preciso de barra de cereal à tarde. Estou ótima!"

Embora a energia seja muito importante para Lydia, ela acha que mais importante ainda é ter uma sensação de grande força interior. Para ela, essa é a característica essencial de seu contato com o Rio Interior. Observa: "Sempre me disseram que sou uma pessoa extraordinariamente calma e que lido bem com estresse e crises. Mas quando, por exemplo, meu chefe me dizia isso, eu sempre pensava: 'Você deveria ver como sou por dentro, ir um pouco abaixo da superfície de minha pele. *Não* sou assim por dentro!' Mas agora sinto que *realmente* sou."

Para muitas mulheres, arranjar tempo para apenas um elemento que Lydia incorpora a seu ritual matutino — meditação *ou* diário *ou* caminhar na natureza — seria uma vitória e talvez tudo de que precisariam. Não importa se você precisa de vinte minutos ou duas horas para isso. O que importa é fazer a si mesma a pergunta "De quanto tempo preciso para recarregar minhas baterias?" e ouvir a resposta.

Angela, Dorothy e Lydia têm rotinas bem estabelecidas de introspecção. Embora alguns dos benefícios dessa prática precisem de tempo para amadurecer e dar frutos, outros são imediatamente visíveis. Você não precisa praticar a introspecção durante anos para começar a trazer equilíbrio e profundidade à sua vida. Comece no ponto em que está, dê pequenos passos e continue. Você notará a diferença em sua rotina diária, seus relacionamentos e sua capacidade de entrar em contato com o Rio Interior.

Crença bloqueadora:
"Se estiver sozinha, eu me sentirei vazia e solitária."

Para realmente incorporar a prática da introspecção à nossa vida como Angela, Dorothy e Lydia fizeram, podemos primeiro ter de tratar da crença bloqueadora que associa estar só à solidão. O poder de crenças como essa reside no fato de que são em parte verdadeiras. Para a maioria de nós, estar só inclui a experiência de solidão, pelo menos durante algum tempo. Mas, como já vimos neste capítulo, estar só e ser só não são necessariamente a mesma coisa. Se você tende a evitar passar tempo sozinha e reconhece essa crença bloqueadora como parte do motivo, eu a convido a pensar nos modos a seguir de questionar e contestar sua suposição:

- *Examine as raízes dessa crença em sua experiência.* Que experiências de vida contribuíram para sua tendência a equiparar o tempo passado a sós à solidão? Use um diário ou caneta e papel para anotar as lembranças de solidão que lhe ocorrerem — da infância ou mais recentes, ou ambas. Podem ser experiências suas ou que observou enquanto crescia sobre como pessoas importantes em sua vida lidaram com a solidão. Além das lembranças de solidão, você tem lembranças de ser *vista* de um modo negativo pelos outros (por exemplo, com pena ou desprezo) quando está sozinha? Essas experiências podem contribuir para que se sinta solitária, em vez de simplesmente só.

Você pode registrar as lembranças resumidamente ou escrever mais sobre elas. O objetivo é apenas tornar-se consciente de quais experiências podem ter dado origem a seu sentimento de solidão quando está só.

- *Crie uma reserva de associações positivas a estar só.* Anote em uma folha de papel em branco ou em seu diário todas as experiências positivas de estar só de que puder se lembrar. Você já se sentiu feliz ou satisfeita lendo, caminhando, ouvindo música, cuidando do jardim, tomando banho — ou fazendo *qualquer coisa* — sozinha? Anote todas as suas lembranças de se sentir bem sozinha. As lembranças podem ser breves momentos ou períodos de tempo mais longos, da infância ou mais recentes, ou ambos. Registre as lembranças resumidamente ou escreva mais sobre elas, como preferir. Lembrar e tomar nota dessas experiências é em si um modo de contestar a suposição de que estar só sempre significa ser uma pessoa solitária.

- *Crie uma nova crença que reflita suas associações positivas a estar só.* Eis um exemplo de May Sarton de uma atitude mental em relação a estar só: "Fico feliz de estar só — com tempo para pensar, para ser. Esse tipo de tempo ilimitado é o único luxo que realmente conta, e eu me sinto imensamente rica em tê-lo."[6] Você pode imitar Sarton ou qualquer pessoa cuja atitude em relação a estar só aprecie ou admire, ou criar sua própria nova crença. Alguns exemplos:

"Gosto de passar algum tempo sozinha."
"Fico feliz sozinha."
"Posso me sentir inteira e completa sozinha."

"Um tempo sozinha me dá a chance de ficar mais amiga de mim mesma."

"Estou aberta ao que a solitude tem a me ensinar."

Anote sua nova crença e a repita para si mesma algumas vezes. Não importa se você não acreditar nela totalmente. Repita-a assim mesmo.

Lembre-se de que ter uma nova crença com a qual trabalhar não significa que você nunca deva se sentir solitária. Todas as pessoas às vezes se sentem. Contudo, sua nova crença é um lembrete de que a solitude também pode trazer alegria, contentamento, profundidade e riqueza.

• *Pratique a solitude intencional, usando o princípio dos pequenos passos.* Reserve uma quantidade de tempo viável para a introspecção, não importa quão pequeno seja, e o aumente aos poucos. Quando você começar a introspecção, repita para si mesma sua nova crença. A princípio, isso pode parecer artificial ou forçado. De qualquer modo, repita e veja o efeito que tem. Quando você tiver uma experiência positiva de passar algum tempo sozinha, anote-a como uma vitória, acrescentando-a à sua reserva de associações positivas a estar só.

✤ Exercício: Arranje tempo para a introspecção

O melhor modo de garantir que a introspecção faça parte de sua rotina diária é planejá-la. Este exercício é uma ferramenta para isso. Pensando um pouco sobre quando, onde e como praticar a introspecção, você cria a intenção e apóia seus esforços para incorporar essa prática inovadora à sua vida. Duas das três mulheres cuja introspecção descrevi neste capítulo começam seus dias com uma solitude intencional. Muitas mulheres acham que isso funciona bem porque o fato de se concentrarem em seu interior pela manhã as ajuda a definir os rumos de todo o dia. Contudo, a manhã não é necessariamente o melhor momento para todas. Ouça a si mesma e experimente momentos diferentes se precisar. É importante que a introspecção funcione para *você*.

1. Comece perguntando a si mesma: "O que já funciona para mim?" Se há algum modo de praticar a introspecção que funcione para você, ótimo! Ou talvez já faça algo que nunca considerou introspecção. Uma mulher do grupo percebeu que regar e cuidar de suas plantas à noite, depois de todos irem para a cama, era um modo de voltar a entrar em contato com seu interior; isso se tornou sua introspecção.
Se você identificar algo que já funciona, pergunte: "Posso fazer isso com mais freqüência, mais regularmente, por mais tempo ou apenas me dar total permissão para fazê-lo?" Essa é uma oportunidade de identificar e revitalizar a introspecção que já faz parte de sua vida. Então vá para o Passo 4.
2. Se sua vida atual não inclui a introspecção, tome nota de alguns modos possíveis de incluí-la. Por exemplo:
   - Escrever em seu diário durante vinte minutos antes de trabalhar.
   - Parar, respirar e ficar sentada quieta por dez minutos antes de as crianças chegarem em casa.
   - Ouvir música relaxante ou uma fita de relaxamento antes de ir para a cama.
   - Ter aulas de meditação ou ioga e tentar praticá-las em casa.
   - Caminhar sozinha à hora do almoço.
   - Fechar a porta de seu escritório e olhar para fora da janela por cinco minutos.
3. Escolha uma de suas idéias para experimentar. Mais uma vez, o segredo é pensar em pequenos passos. Escolha algo viável e possível com apenas pequenos ajustes à sua vida como é. Se a idéia da meditação lhe parecer algo como escalar uma montanha escarpada após anos sem se exercitar, não a escolha! Se a idéia de escrever em seu diário durante vinte minutos a deixar imediatamente irritada, comece com cinco ou dez. Quando você tiver algumas vitórias relativas à introspecção, poderá, se quiser, ajustar e expandir o que faz.
4. Olhe para seu calendário ou pense em sua rotina diária. Planeje quando, onde e como praticar a introspecção. Em seguida, dê os passos a seguir:

- Anote seu plano no tempo presente, como se já o tivesse incorporado à sua vida. Seja o mais específica que puder — por exemplo, "Às segundas, quartas e sextas-feiras eu me sento na cozinha às 16h e tomo chá sozinha".
- Anote todos os obstáculos internos ou externos que poderiam surgir. Um obstáculo interno poderia ser a crença bloqueadora, discutida neste capítulo, a que associa estar só à solidão. Um obstáculo externo poderia ser falta de tempo ou espaço tranqüilo antes do trabalho porque seus filhos estão acordados e precisam sair.
- Pense e anote idéias do que pode fazer em relação aos obstáculos que mencionou. Trabalhar com obstáculos internos costuma envolver uma mudança de atitude mental relativa à introspecção. A parte "Crença Bloqueadora" precedente sugere alguns modos de evitar associar estar só à solidão. Se seu obstáculo interior é medo de não fazer o suficiente ao praticar a introspecção, eis alguns modos de mudar de atitude:
    ○ Comece com um pequeno incremento de tempo, como cinco minutos.
    ○ Faça um acordo com sua lista de tarefas no sentido de que, se ela deixá-la em paz para a introspecção, você cuidará dela por duas horas depois disso.
    ○ Peça a uma amiga que a lembre de que cinco ou dez minutos sentada quieta provavelmente não resultarão em catástrofe.
    ○ Comece sua introspecção com um pouco de leitura deste livro ou de outro que possa lembrá-la da razão pela qual esse tipo de tempo é importante, mesmo que outra coisa fique para depois.
    ○ Faça um acordo consigo mesma no sentido de experimentar isso por uma semana e depois veja se quer continuar ou mudar de plano.

Trabalhar com obstáculos externos geralmente envolve um pouco de programação criativa. Se seus filhos entram em atividade cedo demais para que você tenha tempo tranqüilo pela manhã, talvez sua introspecção tenha de ocorrer à tarde, à noite ou nos fins de semana. Se você não tiver um espaço próprio em casa, talvez sua introspecção tenha de ocorrer em uma sala silenciosa na biblioteca enquanto seus

filhos participem da hora de leitura para crianças. Seja tão criativa quanto quiser para superar obstáculos. Se os obstáculos tiverem a ver com as exigências que a vida impõe em seu tempo para a introspecção, você pode ler o Capítulo 5 sobre estabelecer limites e fazer os exercícios no final.
- Teste seu plano! Dê-lhe pelo menos uma semana e depois o ajuste conforme for necessário. Anote suas vitórias e as compartilhe com uma amiga ou colega do Rio Interior.

Para conseguir tempo para a introspecção, temos de decidir fazer isso. É confortador saber que, embora a vida no século XXI não torne fácil escolher a solitude intencional, os seres humanos se deparam com essa escolha há séculos. No século VI d.C., o filósofo chinês Lao Tzu escreveu:

> "Não é preciso correr para fora
> a fim de ver melhor,
> tampouco olhar pela janela. Permaneça
> no centro do seu ser;
> pois, quanto mais você se afastar dele, menos aprenderá.
> Examine seu coração e veja
> se ele é o sábio que trabalha o tempo todo:
> para fazer, é preciso ser."[7]

Capítulo 5

Estabeleça limites

"As coisas mais importantes nunca devem ficar
à mercê das menos importantes."
— Atribuído a Goethe

Um dos momentos que eu arranjei para escrever é nas manhãs de quinta-feira, o que significa não marcar clientes ou outros compromissos até a tarde; deixo a secretária eletrônica atender os telefonemas, a louça do café-da-manhã na pia e assim por diante. Às quintas-feiras, depois da introspecção, tenho um encontro marcado com meu computador.

Mas hoje, ao acordar, vi o céu azul brilhante de uma convidativa manhã de primavera — depois do inverno na Nova Inglaterra mais longo, frio e cheio de neve de que consigo me lembrar — e, quando dei por mim, estava lá fora cuidando de algumas mudas que havia plantado. Quando voltei para casa, com a mente ocupada com plantas e flores, notei que várias das plantas precisavam ser regadas em seu interior. "Bem", pensei, "isso só vai levar um minuto, e elas realmente *precisam* de água. Não vou deixar ficarem mais secas". Enquanto eu regava as plantas, o telefone tocou. Eu sabia que minha mãe telefonaria para planejarmos o jantar, e decidi resolver logo isso antes de me sentar ao computador. Surpresa! Não era ela, mas uma colega de quarto de meu primeiro ano na faculdade com quem eu não falava há trinta anos. Não é preciso dizer que tínhamos novidades para colocar em dia. Passava das 11h quando me sentei para o encontro marcado com meu computador.

Minha experiência dessa manhã é um exemplo de uma pequena parte da vida, relativamente benigna, de ausência de limites. Estabelecer limites tem a ver com dizer não ao que *não* queremos ou pretendemos fazer, para dizer sim ao que *realmente* queremos ou pretendemos fazer. Estabelecer limites é uma habilidade fundamental do Rio Interior. Nós precisamos de limites para desacelerar, permanecer centradas e seguir nosso curso na vida cotidiana. Sem eles, ficamos constantemente em um modo reativo — como fiquei mais cedo hoje —, que é um modo insatisfatório e ineficaz de viver. Eu reagi à beleza do dia saindo (uma alternativa seria planejar uma caminhada mais tarde) e depois reagi às plantas secas como se não fossem sobreviver nem mais um minuto sequer sem água. Àquela altura, o modo reativo já estava totalmente ativado, fazendo parecer natural atender o telefone, embora normalmente eu não o atenda a essa hora do dia. Isso resultou em uma distração de trinta minutos em vez do telefonema de dois minutos pelo qual eu havia esperado. Falar com minha antiga colega de quarto era algo que eu *realmente* queria fazer, mas não precisava ser à minha hora de escrever. Quando eu me sentei ao computador, não só havia perdido muito tempo, como também deixara escapar algo menos óbvio, mas talvez mais importante: a energia gerada quando minhas ações estão alinhadas com minhas intenções — isto é, quando eu faço o que pretendo fazer.

Deixe-me falar sobre uma idéia equivocada comum a respeito dos limites. A necessidade de dizer "não" a certas pessoas ou coisas não significa que responder ou dizer "sim" seja algo ruim. Nossa capacidade de reagir às pessoas em nossa vida e aos acontecimentos no mundo, assim como à beleza de um dia de primavera, é um dos dons do ser humano. Ao estabelecer limites, não estamos tentando negar nossa capacidade de reagir ou responder, mas buscando equilíbrio. A maioria das mulheres aprendeu desde cedo a atender imediatamente às necessidades alheias, mas não foi bem treinada a estabelecer limites e a dizer "não". Anne Lindbergh adverte contra o efeito de estar constantemente no modo reativo. Ela escreve: "Hoje a mulher tende cada vez mais ao estado que William James descreve tão bem com a palavra alemã 'Zerrissenheit', ou 'despedaçamento'. Ela não pode viver para sempre em 'Zerrissenheit' ou se partirá em milhares de pedaços. Pelo contrário, deve buscar conscientemente aquilo que se opõe às forças centrífugas atuais."[1] A capacidade de estabelecer limites é um antídoto-chave para a experiência fragmentada de *Zerrissenheit*, como ilustra a história de Annie.

A história de Annie: estabelecer limites, encontrar alegria

Quando conheci Annie, diria que "despedaçamento" era um bom modo de descrever o estado em que se encontrava na maior parte do tempo. Ela possuía uma pequena loja de varejo de onde geria seu negócio de design de interiores. Trabalhava de dez a 12 horas por dia, inclusive nos fins de semana, atendendo clientes no horário de funcionamento da loja. Além disso, atendia clientes pelo celular a qualquer hora do dia ou da noite. Enfrentava crises financeiras, em parte porque a loja sofrera as conseqüências de uma retração econômica. Mas, ao examinarmos melhor a situação, Annie e eu vimos que isso também se devia ao fato de não cobrar por todas as suas horas trabalhadas e, em alguns casos, trabalhar basicamente de graça. O excesso de trabalho não deixava tempo livre para Annie cuidar de si mesma. Ela não se exercitava, dormia pouco e mal tinha tempo para comer. Apesar de seu horário de trabalho extremamente apertado, sempre conseguia atender a pedidos de amigos. Quando uma pessoa amiga queria conversar ou precisava de aconselhamento relativo a design, de alguém que cuidasse de seu animal de estimação ou até mesmo de ajuda para mudar os móveis de lugar, Annie sempre comparecia. Não é preciso dizer que a palavra "não" era rara em seu vocabulário.

Annie fala sobre sua vida naquela época: "Eu não conhecia limites. Tentava agradar a todos o tempo todo e acho que me sentia zangada e explorada, embora não percebesse isso. Ia à casa de uma amiga e, se estivesse suja, eu a limpava. Se fosse aniversário de uma pessoa que eu não conhecia bem, gastava mais dinheiro do que podia em um presente. Eu pensava que, se me esforçasse mais, seria mais notada e aceita. Nesse meio-tempo eu me sentia usada, invisível e despedaçada."

Controlar sua tendência a dar demais de si e aprender a estabelecer limites foi um processo gradual para Annie. Quando ela viu com mais clareza o que estava fazendo e entendeu a necessidade de estabelecer limites, começou a fazê-lo. "Em todas as interações com as pessoas, tentei não ir longe demais, não fazer ou falar demais, aprender a ficar quieta e a perguntar a mim mesma: 'O que *eu* quero agora?'"

Depois de várias pequenas vitórias, ela teve uma grande ao estabelecer um limite no trabalho. Explicou: "Uma cliente minha quis convidar outro designer de interiores para uma reunião. Eu lhe disse que não achava isso uma boa idéia, que era como ter dois diretores de criação em um filme, mas acabei concordando. Quando nos reunimos, o outro designer quis todas as informações que eu pesquisara — e eu disse 'não, não creio que isso seja apropriado'. Quando a reunião terminou, saí da sala e pensei: 'Uau! Quem disse *isso*?!" Foi uma sensação ótima. Eu me protegi, me respeitei. A sensação foi: 'Eu também sou gente. Tenho importância.'"

Um dos obstáculos que Annie teve de superar para estabelecer limites foi sua culpa. Ela diz:

> Antes eu fazia tudo por culpa, por não querer ferir os sentimentos de ninguém. Estava tão acostumada com a culpa que não a notava. Agora, quando a noto, pergunto a mim mesma: "Por que estou me sentindo mal? Deveria estar?" (Converso muito comigo mesma agora!) Questiono a culpa e não apenas presumo que é justificada. Muitas vezes não é! Por exemplo, recentemente um homem me convidou para sair e eu descobri que era casado. Não queria ferir seus sentimentos — embora fosse casado! Realmente foi difícil para mim dizer "não", mas disse. Agora, quando digo "não" em situações como essa, por um momento sinto-me culpada, e, depois, ótima! Realmente estou feliz por conseguir me defender.

Após cerca de um ano de treinamento em estabelecer limites, Annie decidiu fechar sua loja e ter um trabalho em vez de dois em tempo integral. Essa escolha foi outro passo para incluir suas necessidades no quadro geral. Alguns meses depois do fechamento da loja, ela disse: "Minha vida está muito mais fácil, saudável e equilibrada. Não estou sempre tentando agradar a todos e ser perfeita. Não estou sempre perguntando: 'O que posso fazer por você? Quer que eu engraxe seus sapatos?'"

Os muitos benefícios de estabelecer limites

A história de Annie mostra que estabelecer limites não é uma parte periférica ou insignificante do processo de desacelerar e resgatar a vida. Para Annie, aprender a dizer "não" foi um fio repetidamente entrelaçado na trama de sua nova vida, mais equilibrada e gratificante. Sempre que ela estabelecia um limite apropriado, fortalecia a afirmação "Eu também sou gente". E, quando esse sentimento se fortaleceu, foi mais fácil fazer escolhas que não se baseavam apenas em agradar aos outros; agora ela estava livre para perguntar a si mesma: "O que *eu* quero?" E, embora às vezes ainda sentisse culpa quando fazia escolhas baseadas nas próprias vontades e necessidades, também sentia e via os benefícios desse novo modo de ser. Não se esfalfava mais à disposição de clientes. Ela voltou a se exercitar durante a semana e a ter tempo para comprar alimentos e cozinhar para si mesma. E, pela primeira vez em anos, tirou férias muito necessárias e revigorantes de uma semana.

Pouco a pouco, Annie fez uma mudança crucial em seu modo de pensar sobre os limites: deixou de acreditar que dizer "não" era egoísta e passou a acreditar que era uma afirmação de si mesma. Para Annie e o resto de nós, dizer "sim" quando queremos dizer "não" consome energia e resulta em nos sentirmos impotentes e ressentidas. Por outro lado, dizer "não" quando queremos dizer revela amor-próprio e pode ser fortalecedor. É uma expressão natural do reconhecimento de que, como Annie diz, "Eu também sou gente". Isto é, eu não sou mais nem menos importante do que os outros.

Quando Annie começou a se perguntar o que ela queria, também se perguntou muitas vezes: "Estou me tornando egoísta?" Vários insights a ajudaram a responder a essa pergunta. Um deles foi a percepção de que muitos de seus próprios atos que considerara compassivos, na verdade eram tentativas de fazer as pessoas gostarem dela. Sua dedicação não era totalmente altruísta, mas de fato continha certo egoísmo disfarçado. O outro insight surgiu de sua compreensão de que querer coisas para si mesma não negava sua real preocupação com os outros. Levar as próprias necessidades em conta era simplesmente um modo de se incluir no quadro geral. Como ela disse: "Eu mereço certas coisas, como todo mundo merece. Na maior parte do tempo, não pensava que merecia coisa alguma. Acho que na verdade estou *mais* dedicada agora, e isso inclui a dedicação a mim mesma. Comprar alimentos, por exemplo. Eu comprava o mínimo. Agora não só compro alimentos, como compro flores para mim. Não estou apenas sobrevivendo; estou vivendo e tendo alegria em minha vida, e sou profundamente grata por todas as partes dela."

Além de sentir mais gratidão e compaixão, Annie experimentou outro efeito inesperado de aprender a estabelecer limites. Ela notou que estava mais relaxada e aberta às pessoas, o que a princípio não entendeu. Quando conversamos, ela viu dois motivos para isso. O primeiro era que dizer "sim" quando queria dizer "não" freqüentemente a deixava ressentida ou com raiva, fazendo-a se fechar. O segundo era que percebeu que, sem a capacidade de estabelecer limites, erguera uma barreira emocional sutil, mas sempre presente, que evitava que fosse engolida pelas necessidades e agendas alheias. Quanto mais ela se sentia capaz de estabelecer limites quando necessário, menos precisava da proteção dessa barreira. Recentemente, descreveu uma imagem — perfeita para uma designer de interiores — do que substituiu a barreira, agora que consegue estabelecer limites:

> Visualizo uma tela ao redor de meu corpo, como se fosse a tela de uma varanda. É uma daquelas varandas muito convidativas com vista para bosques naturais e cadeiras de vime confortáveis com grossas almofadas verdes. Mas a tela forma um círculo perfeito a meu redor; acho que isso tem a ver com o fato de eu ser uma pessoa inteira. Não é uma barreira — é muito fina e tem uma bela porta telada. Então agora, quando as pessoas se aproximam, posso deixá-las entrar, mas primeiro me pergunto: "Isso é seguro para mim? É o que eu quero?" Se for, abro a porta. Deixo as pessoas entrarem, mas de um modo seguro.

Dizer "não" às coisas

Uma de minhas charges favoritas de todos os tempos, de Robert Mankoff, mostra um homem em sua escrivaninha, falando pelo telefone enquanto examina sua agenda. A legenda diz: "Não — na quinta-feira não. Que tal nunca — nunca está bom para você?"[2] As mulheres em meus grupos adoram essa charge, que diz o que nunca ousariam dizer, mas freqüentemente gostariam. Para muitas de nós, como Annie, o maior desafio é dizer "não" às pessoas. Tanto a parte das "Crenças Bloqueadoras" quanto os exercícios no final deste capítulo mostram modos de lidar com esse desafio, talvez um pouco menos rudemente do que a charge sugere. Mas, além disso, em nossa cultura de velocidade, interrupção e distração, voltada para conquistas e realizações, precisamos de limites em áreas como as de tempo, espaço, trabalho, barulho, tecnologia, eventos e outras. Há muitas oportunidades de aprender a dizer "não"!

Você já notou que a lista de coisas a fazer pode exigir claramente sua atenção? Em um dia muito comum em que meus filhos eram menores, eu tive uma pequena revelação sobre o estabelecimento de limites. Estava cansada após um dia cheio e as crianças estavam na casa de amigos, por isso decidi me sentar na sala de estar para desfrutar de alguns momentos de paz antes do jantar. Havia um cesto de roupa por dobrar no chão. Quando eu me sentei, notei uma coisa muito estranha — a roupa parecia estar me puxando para dobrá-la. Era como se houvesse um fio invisível me ligando ao cesto e, embora tivesse decidido relaxar e me sentar quieta, parte de mim já estava em movimento na direção do cesto para dobrar a roupa. Eu me vi dizendo "não" — em voz alta! — para as roupas e desviando conscientemente minha atenção do cesto para mim.

Naquele dia, na sala de estar, tornei-me mais consciente da necessidade de estabelecer limites claros, não só para as pessoas em minha vida, como também para muitas outras tarefas e responsabilidades que clamavam por mim. Essa consciência me ajudou a notar quando era puxada por coisas que não queria fazer imediatamente. Mais uma vez, um claro "não" contribuiu para um mais sincero "sim". Dizendo "não" à roupa, eu pude ter alguns momentos de paz revigorantes antes de começar a preparar o jantar.

Então, a que tipos de coisas poderíamos dizer "não"? Quando começarmos a pensar nisso, veremos muitas possibilidades. Como Annie, outra cliente chamada Barbara tentava estabelecer limites em casa e no trabalho. Um dos "cestos de roupas" de Barbara era a enchente de catálogos que chegavam diariamente em sua caixa de correio — alguns solicitados, muitos não. Quando ela começou a pensar em dizer "não" a algumas coisas para ter mais tempo para si mesma, percebeu que na verdade só havia solicitado uns poucos catálogos. Só viu os outros porque haviam chegado em sua casa. Não só eles criavam muita confusão, como também faziam Barbara desperdiçar seu precioso tempo; ela realmente não queria ficar vendo páginas de coisas de que não precisava. Barbara disse "não" com uma campanha para a redução de catálogos. No mês seguinte, em vez de ver os catálogos que não queria, assim que eles chegaram telefonou para o serviço de atendimento de cada empresa e pediu para ser retirada de sua lista de correspondência. O telefonema tomou menos tempo do que folhear as páginas e resultou em menos confusão e mais tempo livre.

Mary, uma musicista que ensaiava em casa, pôs uma cadeira bloqueando a porta da cozinha para não se sentir tentada a limpá-la em vez de tocar seu instrumento. Ingrid, que morava em um apartamento no andar térreo, comprou um par de fones de ouvido à prova de som para não ouvir o barulho perturbador da rua nos dias em que trabalhava em casa. Celia quis pôr um limite ao que chamava de seu "vício" de verificar as últimas notícias na Internet várias vezes por dia. Ela decidiu estabelecer dois horários para isso, um pela manhã e outro à tarde, ficando com mais tempo para fazer o que pretendia no computador durante o resto do dia.

Todos nós somos levados a atividades não planejadas, algumas das quais depois percebemos que não valeram nosso tempo e energia. O segredo é escolher. Você está *escolhendo* ver tevê, ouvir rádio, atender o telefone, navegar na Internet, ler seus e-mails, ficar acordada até tarde da noite, ficar no trabalho até mais tarde, aproveitar mais "oportunidades" de voluntariado, comprar mais roupas (ou jóias, móveis, brinquedos, livros, produtos de beleza)? O objetivo não é se tornar rígida e planejar demais sua vida. Mas, se nós tivermos o hábito de atender a todos os pedidos de atenção em um determinado momento, tenderemos a ficar fragmentadas em nossa vida cotidiana e esquecer o que realmente é importante para nós. Os limites nos ajudam a fazer mais daquilo que queremos, aproveitar melhor o nosso tempo. Também nos ajudam a resistir à tendência de dispersar nossa energia ou, como diz Anne Lindbergh, pegar nossos jarros e tentar regar um campo, não um jardim.³

Dizer "não" a muitas coisas boas

É fácil reconhecer a necessidade de dizer "não" a tarefas que nos fazem desperdiçar tempo. Mais difícil é aceitar a idéia de dizer "não" a muitas coisas boas. Nós ficamos sobrecarregadas e em frangalhos não só devido ao que *temos* de fazer, como também ao que *queremos* fazer. Eu tenho uma amiga que costumava se descrever como "viciada em significação". Ela dizia "sim" a todas as oportunidades de ter experiências profundas, significativas e que levavam ao crescimento pessoal. Isso incluía workshops, viagens, cursos e palestras de mestres espirituais, assim como compras de livros, fitas e outras parafernálias que associava para ampliar o significado de sua vida. Essas coisas tinham valor, mas ela percebeu que escolher *todas* elas estava lhe consumindo tempo, energia e dinheiro. Equiparou o excesso dessas experiências a uma refeição muito pesada que não nutre e causa doenças. Depois de realmente ter um problema digestivo associado ao estresse que a deixou prostrada durante semanas, minha amiga começou a dizer "não" a algumas dessas oportunidades de crescimento tentadoras, ficando com mais tempo para digerir as experiências significativas que realmente escolheu.

Estabelecer limites para arranjar tempo para a introspecção

Stephen Covey, especialista em administração do tempo, tem um bom modo de nos lembrar de "dar a devida prioridade ao que é prioritário" (um dos sete hábitos das pessoas altamente eficazes). Sua matriz de avaliação do tempo possui quatro quadrantes que representam quatro categorias de atividade.[4] A matriz de avaliação do tempo incluída aqui é adaptada do diagrama de Covey.

O Quadrante I inclui as atividades urgentes e importantes — isto é, problemas ou crises que exigem atenção imediata, como uma criança machucada que precisa de atendimento médico ou um prazo para entrega de trabalho. Discutirei o Quadrante II mais adiante.

	Urgente	Não-urgente
Importante	**I** **Crises** Exemplo: uma criança quebra o braço. **Prazos imediatos** Exemplo: chefe precisa de relatório amanhã pela manhã. **Problemas prementes** Exemplo: o porão está alagado.	**II** **Principalmente autocuidado e sustento espiritual** Exemplo: introspecção. **Planejamento a longo prazo** Exemplo: objetivos para daqui a um ou cinco anos.
Não-Importante	**III** **Solicitações e prioridades dos outros** Exemplo: criança "precisa" ir ao shopping agora. **Coisas que exigem atenção aqui e agora** Exemplo: telefone "precisa" ser atendido; roupa "precisa" ser dobrada.	**IV** **Coisas que preenchem e desperdiçam o tempo** Exemplo: navegar na Internet; ver tevê; fazer compras; dar telefonemas; atividades sociais.

Matriz de avaliação do tempo

Fonte: Adaptado de Covey, Stephen R. *Os 7 hábitos das pessoas altamente eficazes*. Rio de Janeiro: Best Seller, 2005.

O Quadrante III representa as atividades urgentes mas não realmente importantes. Por exemplo, um telefone tocando ou uma criança pedindo uma carona para a casa de um amigo são urgentes no sentido de que exigem atenção imediata, mas não necessariamente importantes. Muitos telefonemas, embora possam ser importantes para quem os faz, não são tão importantes a ponto de que você tenha de atendê-los imediatamente. O mesmo ocorre com o pedido para ir ao shopping: algo que é importante para alguém não é necessariamente importante para você neste momento. Covey diz que as pessoas que passam muito tempo no Quadrante III, lidando com o que é urgente mas não importante, *pensam* que estão reagindo a coisas urgentes e importantes. Mas, na verdade, tanto a impressão de urgência quanto a importância dessas questões freqüentemente se baseiam nas prioridades ou expectativas dos outros, não necessariamente nas nossas.

O Quadrante IV inclui atividades que não são urgentes nem importantes. Nele se encaixam a leitura dos catálogos de Barbara, as atividades que nós mesmas consideramos perda de tempo e o trabalho inútil. São raros os programas de tevê que não pertencem a esse quadrante.

Quadrante II: o que falta fazer na lista

Deixei o Quadrante II por último porque as atividades que ele inclui são as da lista de coisas a fazer. São importantes, mas não urgentes. Exigem intenção para acontecer e por isso *não* acontecem quando estamos no modo reativo, isto é, reagindo às questões urgentes do momento. Incluem atividades de autocuidado, planejamento a longo prazo, estabelecimento de prioridades e sustento espiritual. São as atividades que sabemos que seriam benéficas, mas muitos de nós nunca ou raramente encontram tempo para realizar.

A introspecção, uma das práticas fundamentais do Rio Interior, é uma atividade do Quadrante II. Esse é o tipo de tempo de que precisamos para estabelecer nossas prioridades, nos lembrar daquilo a que realmente queremos dizer "sim" na vida. É importante, mas não urgente. Por isso, se não estabelecermos limites, a introspecção pode facilmente ficar fora da programação diária. Para trazer sentido, profundidade e equilíbrio para nossa vida por meio da introspecção, podemos precisar dizer "não" a pessoas e coisas.

Programe a introspecção

Meu tempo para a introspecção é pela manhã. Para dizer "sim" a ela, aprendi a dizer "não" a agendar clientes logo cedo, ler o jornal, lavar louça e atender o telefone. Todas essas atividades muitas vezes urgentes (isto é, diante de mim, como a louça suja) mas não importantes podem ocorrer em outros momentos do dia, mas para adiá-las precisei reconhecer a importância de meu tempo no Rio Interior e preservá-lo dizendo "não" a elas. A experiência de ausência de limites descrita no início deste capítulo mostra que às vezes não consigo *manter* os limites que estabeleci para mim mesma. Mas *estabelecer* um limite para qualquer atividade do Quadrante II torna muito mais provável que ela ocorra e mais fácil para mim voltar ao ponto em que me afastei de meu curso.

Se você tem dificuldade de praticar a introspecção regularmente, talvez deva refletir um pouco sobre as coisas às quais precisa dizer "não" para dizer um "sim" mais sincero a esse tempo para renovação. Estabelecer limites em torno da introspecção é um bom modo de fortalecer seu "músculo do não". (Nós trabalharemos nisso no exercício "Descubra seu estabelecedor de limites interno" mais tarde, neste capítulo.)

Laurel, consultora financeira, descobriu que seu "músculo do não" se fortaleceu muito quando ela voltou ao trabalho após uma longa série de tratamentos para um câncer de mama. Ela disse à sua chefe que, três vezes por semana, do meio-dia às 13h, teria uma aula de ioga do outro lado da rua. Esse era seu tempo para renovação: ela sabia claramente que precisava dele tanto para seu bem-estar quanto para sua capacidade de ter um bom desempenho no trabalho. Laurel conseguiu comunicar o valor desse intervalo de um modo que resultou em apoio para a introspecção. A recuperação de uma doença pode nos dar uma perspectiva do que realmente importa, o que, por sua vez, torna mais fácil reservar tempo para atividades importantes mas não urgentes, como, no caso de Laurel, a aula de ioga. Contudo, nosso objetivo é aprender como conseguir tempo para renovação e autocuidado antes de enfrentarmos uma situação de vida ou morte.

Tenho visto mulheres encontrarem modos criativos de dizer "não" a filhos, maridos, amigos, parentes, chefes, colaboradores, animais de estimação, e-mails, telefonemas, exigências do trabalho, limpeza da casa, arrumação de camas, cozinha, ninharias, transporte solidário, pagamento de contas etc. para ter um pouco de tempo tranqüilo para si mesmas. Repito que isso não significa não reagir às pessoas com quem nos importamos ou evitar responsabilidades; significa não ser movido incessantemente pelas responsabilidades para com outras pessoas e coisas em detrimento da própria sanidade.

Muitas mulheres descobriram, para a surpresa delas, que, dependendo da idade e do temperamento dos filhos, podiam lhes explicar o que era a introspecção, obter apoio deles e, às vezes, fazer com que se interessassem por esse tempo para a reflexão. Uma mãe explicou por alto a meditação para os filhos de 4 e 6 anos e lhes pediu que fizessem um cartaz para a porta do quarto de dormir dela onde se lia: "Mamãe está meditando." Ela explica: "Eles quiseram experimentar a meditação, que durou cerca de 45 segundos! Mas sabiam que durante os 15 minutos em que o cartaz estava na porta não poderiam me perturbar a menos que fosse uma emergência." Outra mãe explicou para o filho de 4 anos, que entendia que uma loja fica aberta ou fechada, que durante dez minutos, em seu momento escolhido, "mamãe está fechada".

Portanto, há muitos modos de arranjar tempo para a introspecção. De modo geral, ninguém vai arranjá-lo para você; você tem de estabelecer limites. Em *Mulheres que correm com os lobos*, Clarissa Estés fala sobre o tempo gasto na "volta ao lar" (seu nome para a introspecção): "Independentemente do tempo dedicado ao 'lar', uma hora ou dias, lembre-se de que outras pessoas podem cuidar de seus gatos mesmo que seus gatos digam que só você sabe fazer isso direito... A grama irá ficar um pouco amarelada, mas reviverá. Você e seu filho sentirão falta um do outro, mas os dois se alegrarão quando da sua volta. Seu parceiro pode resmungar. Todos irão superar o problema. Seu chefe pode ameaçá-la. Ele também superará isso. Demorar-se demais é loucura. A volta ao lar é a decisão saudável."[5]

Crença bloqueadora: "Se eu disser 'não', as pessoas não me amarão."

Nós tendemos a pensar em nós mesmas como pessoas não divididas, inteiras. Embora de certo modo isso seja verdade, ao mesmo tempo temos múltiplos aspectos ou partes de nossa personalidade. A crença "se eu disser 'não', as pessoas não me amarão", como outras crenças bloqueadoras, geralmente surge de uma *parte* de nós. Podemos notar mais facilmente essas partes, ou subpersonalidades, quando estão em conflito.[6] Por exemplo, a parte social de mim pode pensar: "Eu realmente gostaria de sair esta noite", enquanto a parte tímida pode pensar: "De jeito nenhum. Eu gostaria de ficar em casa lendo um bom livro". Podemos notar as subpersonalidades nas outras pessoas quando elas passam de uma parte para outra — por exemplo, quando observamos alguém que é reservado com seus colaboradores se tornar afetuoso e efusivo com um animal de estimação.

Cada uma de nossas partes interiores tem os próprios comportamentos e dons, suas habilidades e necessidades. Por exemplo, ao contar a história de Annie, eu me concentrei no que ela chamou de sua parte "que agrada aos outros", que é tolerante para com as falhas alheias e que tem dificuldade em estabelecer limites. Eu não mencionei que Annie também está disposta a correr riscos em sua vida criativa, tem um forte espírito de aventura que a levou a viajar muito e é uma excelente pianista. Há habilidades e atitudes que pertencem a outras partes dela que não agradam aos outros.

Quando Annie e eu começamos a examinar o que fazia sua parte que agrada aos outros pulsar, ela viu que a crença "Se eu disser 'não', as pessoas não me amarão" pertencia claramente a essa parte. Identificar a subpersonalidade que tem uma determinada crença bloqueadora é útil porque, quando vemos que uma *parte* dentro de nós tem essa crença, podemos usar para as outras partes que têm a capacidade de ver as coisas de um modo diferente. Por exemplo, a parte de Annie que agrada aos outros começou a se manifestar quando ela era uma menina de 6 anos e fazia tudo que podia para agradar os pais e desviar um pouco a atenção deles da irmã recém-nascida. Quando ela identificou a subpersonalidade que precisava constantemente fazer coisas para os outros, foi capaz de dar um passo atrás, se afastar dessa parte e se aproximar de um eu mais adulto. Ela descobriu que seu eu adulto tinha uma confiança oculta que a surpreendeu. Annie ficou feliz em descobrir que esse eu adulto, ao contrário da subpersonalidade de 6 anos que agradava aos outros, podia facilmente dizer "não" e, na verdade, achava isso muito mais fácil do que a dança complicada de tentar agradar.

❦ Exercício: Descubra seu delimitador interno

O trabalho com subpersonalidades é uma ferramenta valiosa para promover o auto-entendimento e reduzir os conflitos interiores. Este exercício é uma breve introdução a um dos muitos modos pelos quais é possível melhorar nosso relacionamento com nós mesmas e os outros. (Para uma análise mais profunda do trabalho com subpersonalidades, veja as referências sobre a psicossíntese na Leitura Recomendada.) Se você tiver medo de que as pessoas se afastem ou deixem de gostar de você se disser "não", eu a convido a ler e depois experimentar a breve visualização a seguir. Ao visualizar como são nossas subpersonalidades — vendo-as com os olhos de nossa mente —, criamos um modo de entendê-las melhor, observá-las, dialogar e melhorar nosso relacionamento com elas. Annie, por exemplo, visualizou a subpersonalidade agradável como uma menina discreta. Quando conseguiu ver essa parte em sua imaginação, percebeu que era jovem e insegura e podia renovar sua confiança quando sua parte adulta precisava dizer "não".

1. Feche os olhos, respire profundamente e deixe que sua atenção se volte para dentro. Agora se pergunte: *"Quem dentro de mim acredita que não serei amada se disser 'não'?"* Deixe surgir uma imagem em sua mente que represente essa parte. Tente não censurar a imagem; apenas deixe-a surgir. Pode ser uma imagem de si mesma em outra idade ou de outra pessoa — do sexo masculino ou feminino. Pode ser uma imagem metafórica — um animal, um objeto natural ou feito pelo homem, ou até um personagem de desenho animado. Espere o tempo que achar necessário

para ver a imagem. Observe como é essa parte, onde está e o que está fazendo. Visualize a imagem e veja o que ela tem a lhe mostrar. (Faça uma pausa e não se apresse.) Você pode lhe perguntar do que precisa? Veja se consegue ouvir ou sentir o que ela precisa. (Mais uma vez, faça uma pausa e não se apresse.) Há algo que poderia dizer ou fazer para dar a essa parte o que ela precisa? Espere o tempo que julgar necessário. Se quiser, pode anotar ou desenhar o que viu com o olho de sua mente antes de passar para o próximo passo.

2. Feche os olhos e deixe novamente que sua atenção se volte para dentro. Agora se pergunte: *"Quem dentro de mim tem a capacidade de estabelecer limites adequados?"* Com o olho de sua mente, veja uma parte de você que possa estabelecer limites adequados para as pessoas. Se achar que não a possui, por enquanto presuma que essa parte existe, mesmo que não tenha consciência dela. Deixe surgir em sua imaginação uma imagem que a represente. Espere o tempo que julgar necessário. Tente não censurar a imagem; apenas deixe-a surgir. Pode ser de uma pessoa, um animal, um objeto ou outra coisa. Se não lhe ocorrer uma imagem, pense em uma pessoa, real ou fictícia, a quem você admire por ser capaz de estabelecer limites claros. Você pode usar a imagem dessa pessoa como seu delimitador interno.
Quando tiver uma imagem da parte de você que pode estabelecer limites, note como é e quais qualidades possui. Não se apresse. Observe a imagem e veja o que tem a lhe mostrar. O que essa parte pensa, sabe ou demonstra para você sobre estabelecer limites e dizer "não"? (Faça uma pausa e não se apresse.) Há algo que poderia fazer ou dizer para ajudar a parte que teme que dizer "não" signifique perder amor?
Espere o tempo que julgar necessário. Se quiser, pode anotar ou desenhar o que viu com o olho de sua mente.

Quando você identifica a parte que teme dizer "não" e a que sabe como dizê-lo, dispõe de ferramentas internas para contestar a crença de que estabelecer limites significa perder amor. Quando você nota a parte temerosa, pode visualizá-la, voltar-se para ela e renovar-lhe a confiança.

Pode lhe dar um lugar seguro para estar em sua imaginação enquanto apela para a parte que é capaz de dizer "não". Se o medo for especialmente forte e não reagir à renovação de confiança, talvez você esteja lidando com mais do que pode sozinha. Nesse caso, pense em buscar ajuda profissional: às vezes basta um pouco de ajuda de um terapeuta experiente.

Estabelecer limites com facilidade exige prática, mas o primeiro passo em si — identificar suas subpersonalidades — pode ser útil. Os próximos passos são: praticar, praticar e praticar mais!

✼ Exercício: Pratique o "não"

Estabelecer limites se torna mais fácil com a prática. Fortalecer o "músculo do não" é como exercitar qualquer músculo: é melhor começar com baixa resistência — isto é, estabelecendo um limite relativamente fácil — e, pouco a pouco, enfrentar desafios maiores. Este exercício pode criar um pouco de espaço em sua agenda e trazer mais equilíbrio para seu dia, mas tem como principal objetivo ajudá-la a *praticar* dizer "não" e a experimentar o poder de estabelecer um limite.

Quando dizer "não" se torna mais fácil, isso produz efeitos no fluxo de sua vida cotidiana e em sua capacidade de receber sustento do Rio Interior.

1. Use seu diário ou uma folha de papel para fazer uma lista de atividades às quais você atualmente diz "sim" quando gostaria de dizer "não". Não censure essa lista, isto é, não se preocupe com:
   - Se você é *capaz* de dizer "não" neste momento.
   - Se *deveria* dizer "não".
   - Se se sentiria culpada dizendo "não".
   - Se é moralmente correto dizer "não".
   - Se sua vizinha, amiga ou outra pessoa diz "não".

   Apenas inclua em sua lista tudo que se encaixa na categoria de "atualmente dizer sim, quando gostaria de dizer não", como, por exemplo:

- Receber telefonemas à hora do jantar.
- Ajudar como voluntária em atividades de ex-alunos.
- Trabalhar no horário de almoço.
- Ver tevê antes de ir para a cama.
- Almoçar com Jane, que fala muito e ouve pouco.

2. Quando você tiver uma lista de pelo menos dez atividades, procure aquela à qual é *mais fácil* dizer "não". Anote-a no alto de uma página e depois pense em um passo pequeno e possível de ser dado para estabelecer um limite. Não precisa ser tudo ou nada. Se você quiser dizer "não" a trabalhar no horário de almoço, pode começar escolhendo um ou dois dias em que terá meia hora para almoçar. Se quiser dizer "não" a certas atividades voluntárias, pode começar dando-se tempo para pensar nas solicitações ("Deixe-me pensar sobre isso e responder depois"), em vez de dizer "sim" ou "não" imediatamente.

3. Anote o próximo passo no tempo presente, como se já o tivesse incorporado à sua vida. Seja o mais específica que puder. Exemplos:
   - Às terças e quintas-feiras, tiro meia hora de almoço, das 13 às 13h30;
   - Quando as pessoas me pedem algo, nunca digo "sim" imediatamente. Digo que lhes darei a resposta depois, para que tenham tempo de decidir dizer "sim" ou "não".

4. Discuta ou, se estiver sozinha, anote em seu diário quais obstáculos poderiam impedir seu próximo passo e o que é possível fazer em relação a eles. Exemplos:
   <u>Obstáculo:</u> Às vezes as reuniões no trabalho reduzem meu horário de almoço.
   <u>Solução possível:</u> Pôr esse período de meia hora de almoço em minha agenda com no mínimo um mês de antecedência, como se fossem reuniões, para eu não marcar outras atividades nesse horário. Quando as reuniões forem absolutamente inevitáveis, programar um intervalo de meia hora em um momento diferente desse dia.
   <u>Obstáculo:</u> Fico absorta no que estou fazendo, perco a noção do tempo e me dou conta, mais tarde nesse dia, de que não parei nem comi.

<u>Solução possível</u>: Incluir intervalos para o almoço em minha agenda, lembrar-me de minha intenção a caminho do trabalho e regular o despertador de meu relógio para disparar às 12h50, a fim de que eu tenha dez minutos para concluir as atividades antes do intervalo.

5. Se puder, diga a uma amiga ou colega de grupo do Rio Interior qual é seu próximo passo, quais os obstáculos que antevê e o que poderia fazer em relação a eles. Revelar seu plano ajuda você a obter apoio.
6. Execute-o! Registre suas vitórias. Quando estiver pronta, pode expandir esse passo ou escolher outro item de sua lista.

Algumas pessoas são por natureza melhores do que outras em estabelecer limites. Se essa prática for difícil para você, eu a aconselho a obter apoio e pensar em pequenos passos ou, como Talia — uma mulher em um de meus grupos —, "em passos de fada". Talia tinha muita dificuldade em dizer "não". Uma semana antes de trabalharmos no grupo com o estabelecimento de limites, suas filhas haviam criado uma pequena "vila de fadas" no bosque perto de sua casa, com casas em miniatura construídas com gravetos e outros objetos naturais. Com a imagem da vila de fadas em mente, quando cada pequeno passo em que pensava parecia muito grande, Talia dizia: "Talvez, se eu 'pensar em passos de fada', possa fazer isso."

Se você precisa dar passos de fada para estabelecer limites, saiba que não é a única a fazê-lo, e conte cada um deles como uma vitória!

Capítulo 6

Aceite os sentimentos

> "O que aconteceria se deixássemos de chamar
> as emoções dolorosas de "negativas" e confiássemos
> em nosso coração — mesmo que estivesse em
> profundo sofrimento?... O coração se cura sozinho quando
> sabemos ouvi-lo. Ao aceitarmos até mesmo nossas emoções
> mais temidas e nos rendermos a elas, descobrimos a
> inteligência inata do coração."
> — Miriam Greenspan,
> *Healing Through the Dark Emotions*

Quando comecei a trabalhar com os grupos do Rio Interior, encontrei uma conhecida no supermercado que distribuía folhetos. Eu lhe entreguei um folheto no caso de ela ou uma amiga estar interessada. Ela olhou muito rapidamente para o folheto, viu a palavra *interior* no título e, sem perceber o que estava dizendo, deixou escapar: "Você não ia querer ir muito fundo; poderia descobrir que não há nada lá."

Esse sentimento é apenas um dos muitos temores em relação a desacelerar e olhar para dentro. As pessoas se mantêm ocupadas e na superfície da vida para evitar todos os tipos de emoções perturbadoras. "E se eu olhar para dentro e só vir vazio?", "Como realmente está indo meu casamento?", "Qual é o motivo dessa raiva (medo, inquietude, tristeza) e será que ela vai me dominar se eu me permitir realmente senti-la?" Sem desacelerar e dar um passo para trás, podemos não perceber como nossos horários apertados nos ajudam a manter distância de pensamentos e sentimentos indesejados. A ocupação é uma ótima defesa recompensada por nossa cultura. O problema é que se manter ocupado para evitar ou negar sentimentos perturbadores acaba levando a um ponto de rendimento decrescente. Quanto mais os abafamos, mais esse esforço nos exaure, e essas partes negligenciadas de nós mesmas começam a aumentar o volume para serem ouvidas. Contudo, se formos capazes de *ouvir* e *aceitar* esses sentimentos que renegamos, eles poderão se tornar aliados, e não inimigos. Ao contrário do que temíamos, poderão se tornar parte do solo rico que produz mais integridade em nós e mais plenitude em nossa vida. Aprender a aceitar sentimentos perturbadores é parte da jornada para o Rio Interior.

Fazer as pazes com os sentimentos

Em nossa cultura, somos condicionadas a nos distrair ou ocupar quando algo nos perturba. Um trabalho para fazer, uma família para cuidar ou outra responsabilidade que nos mantenha ocupadas certamente podem nos ajudar a evitar sentimentos difíceis. O mesmo vale para diversões como ver um filme, ouvir música, sair para dançar ou realizar uma atividade agradável. Às vezes uma distração sadia é tudo de que precisamos. Contudo, como terapeuta, sempre vejo pessoas entrarem em meu consultório no ponto em que essa abordagem deixou de funcionar. Para elas, como para qualquer pessoa nesse ponto, o próximo passo geralmente é *se voltar para* os sentimentos que tentaram por muito tempo evitar.

Às vezes, o processo de se voltar para os sentimentos difíceis é relativamente simples e direto. Alice, uma cliente minha que também é terapeuta, certo dia procurou-me furiosa com o irmão. Soubera que ele estava tendo um caso e prestes a deixar a esposa. Na opinião de Alice, ele estava pondo em risco desnecessária e insensatamente um bom casamento com uma boa mulher e a estabilidade da vida dos filhos. Alice e suas irmãs sairiam com ele naquela noite para comemorar seu aniversário. Embora Alice fosse muito ligada ao irmão e quisesse apoiá-lo, estava tão zangada com ele que temia arruinar a noite. Ela estava procurando um modo de afastar a raiva, pelo menos temporariamente, para poder comemorar o aniversário do irmão.

Sugeri que, em vez de afastar a raiva, Alice se voltasse para ela. Como terapeuta, era o que ela teria dito a seus próprios clientes, mas, desejando ser uma boa irmã e não estragar a festa, isso não lhe ocorrera. Para ajudar Alice a se voltar para sua raiva, imaginamos seu irmão em uma cadeira à sua frente e ela expressou seus sentimentos para ele sem censurá-los. Isso lhe proporcionou um modo seguro de deixar a raiva vir à tona sem causar qualquer dano. Depois que Alice se permitiu experimentar toda a sua raiva, sentiu-se imediatamente triste pelo irmão e pela família dele, mas também por si mesma como filha de pais divorciados. Não foi a primeira vez que sentiu essa tristeza, mas, ao se deter nela, pensou em como teria sido se seus pais não tivessem se divorciado. E, pela primeira vez, viu que havia algo de bom nisso: o divórcio dos pais, por mais que tivesse sido doloroso, havia ampliado o círculo fechado de sua família e criado mais espaço para ela crescer. Alice explicou:

> Havia muito esnobismo intelectual em minha família. Umas poucas pessoas eram aceitas em meu círculo familiar, a grande maioria era mantida fora dele. Mesmo quando éramos muito novos, quando meu irmão e eu convidávamos amigos para vir até nossa casa, meu pai e minha mãe tentavam nos convencer de que essas crianças não estavam à nossa altura. Quando meus pais se divorciaram, eu pude parar de me preocupar com quem não seria aceito em meu círculo familiar, porque este não existia mais. Isso me deu muito mais liberdade para aprender a aceitar todo tipo de pessoas e a me sentir à vontade com elas.

Perto do final da sessão, perguntei a Alice se o que ela havia acabado de ver e experimentar poderia ajudá-la a lidar com a raiva na comemoração do aniversário do irmão. Sua resposta foi imediata: "A raiva foi embora. Estava sentada em cima da tristeza... Assim que entrei em contato com essa tristeza, a raiva se dissipou totalmente." Alice sabia que acabaria dizendo ao irmão o que pensava a respeito das escolhas dele, mas agora sentia que seria capaz de falar sem fúria e não seria compelida, por raiva, a fazê-lo naquela noite.

Embora Alice precisasse ser lembrada disso naquele momento, já reunia bastante experiência em se permitir ter sentimentos perturbadores. Para Jenna, outra cliente, esse tipo de aceitação era um território totalmente novo. Sua história é um exemplo de como começar do zero a aceitar alguns sentimentos bem perturbadores. Embora os detalhes dessa história sejam particulares, eu a conto aqui porque aponta um caminho para você ficar mais à vontade com as emoções difíceis. Descobrir nossa própria versão única desse caminho não só nos dá mais acesso à esfera do Rio Interior, como também nos ajuda a aceitar todas as partes de nós mesmas — as boas, as más e as feias. Essa aceitação tem um grande efeito propagador na vida, tanto interior quanto exterior, como veremos nos capítulos adiante. Mas vamos começar com Jenna.

A história de Jenna: fazer as pazes com o medo

Jenna começou a terapia de modo relutante. Ela havia tentado mudar sozinha um padrão muito bem estabelecido de raiva e afastamento silencioso de seu marido, especialmente nos momentos de estresse. "Nesses momentos, sei que me ajudaria — e ajudaria meu marido — se eu pudesse me aproximar, falar com ele e pedir ajuda, mas simplesmente não consigo fazer isso." Jenna ficava paralisada e seu afastamento do marido estava custando caro para ela e para o casamento.

No início de nosso trabalho juntas, examinamos o ambiente emocional da infância de Jenna. Ela havia crescido em uma família na qual não era certo expressar alguns sentimentos. "Aprendi que devia suprimir as emoções "feias", como, por exemplo, tristeza, ciúme e medo. Nunca fui confortada ou apoiada quando as tinha e certamente não era encorajada a compartilhá-las. Minha tendência era ir para meu quarto, ficar sozinha e chorar quando me sentia triste e depois sair quando me sentia melhor." Foi útil para Jenna entender que ela havia assumido as atitudes negativas de seus pais em relação a certos sentimentos. Ela também pôde ver claramente de onde vinha sua tendência a se isolar, mas esses insights, sozinhos, não a ajudaram a mudar o padrão.

Quando Jenna passou a se sentir mais à vontade com o processo terapêutico e a confiar mais em mim como guia, falamos sobre ir além do insight mental *acerca de* seus sentimentos e realmente *senti-los*. Nesse ponto, o medo subjacente à sua relutância em fazer terapia veio à tona. Mais tarde ela descreveu isso assim: "Eu tinha muito medo do que poderia descobrir. Tinha essa suposição básica de que havia algo realmente ruim por dentro, algum grande buraco negro, e que se eu começasse a jornada para explorá-lo seria engolfada. Poria um dedo do pé dentro e seria sugada em um redemoinho do qual não conseguiria sair. Achava que, se começasse a sentir apenas um pouco do que evitava há tanto tempo, seria *tudo* que conseguiria sentir. Tinha medo de ser totalmente consumida pelos sentimentos."

Pouco depois de Jenna mencionar esse medo, a oportunidade de sentir o mais desagradável de seus sentimentos se apresentou de um modo inesperado. Ela veio em uma semana e falou sobre um incidente estressante com um de seus filhos. Depois de falar por algum tempo, algo em sua linguagem corporal me levou a lhe perguntar: "Como você está se sentindo agora?" Houve um silêncio incomumente longo. Como ficamos sabendo no resto de nosso tempo naquele dia e nas próximas sessões, esse silêncio não foi apenas uma pausa para encontrar as palavras certas a fim de descrever seus sentimentos. Minha pergunta a colocou em um estado de paralisia em que perdeu contato consigo e comigo, e se sentiu incapaz de falar.[1] O estado de paralisia lhe era familiar; ela o havia experimentado na infância e na vida adulta, e era uma sensação terrível que queria a todo custo evitar. Quando conseguiu falar de novo, Jenna a descreveu desta maneira: "Quando você me pergunta como estou me sentindo, um muro é imediatamente erguido e é como se eu ficasse presa sozinha por trás dele. Sinto-me muito pequena e minha respiração fica difícil; tudo fica difícil. Sinto que estou afundando e não consigo pedir ajuda."

Com grande ênfase minha na segurança e em seguir o próprio ritmo em pequenos passos, Jenna começou a se voltar para esse sentimento que tentara manter a distância por tanto tempo. Era difícil evitá-lo na terapia porque o simples fato de eu lhe perguntar como se sentia geralmente o desencadeava, mas isso também nos deu a oportunidade de explorá-lo.

Quando o medo vinha à tona, tentávamos de vários modos diminuí-lo. Eu conversava com ela e a fazia abrir os olhos e se situar na realidade física da sala em que estávamos sentadas. Garantia-lhe que, embora esse sentimento fosse antigo e forte, estávamos em um ambiente totalmente diferente e seguro. Após uma sessão em que Jenna experimentou esse estado de paralisia, ela se lembrou de uma experiência da infância há muito esquecida, mas que percebeu que estava ligada ao medo e à sua reação. Quando tinha cerca de 9 anos, fora objeto de experimentação sexual de um vizinho de 13 anos. "Ele fez coisas comigo e depois me perguntou como eu me sentia." Jenna ficou assustada e confusa com o incidente, mas, como não se sentia suficientemente segura em sua família para partilhar essa experiência "feia", calou-se. Sua reação à experiência na época — ficar paralisada, sentir-se vulnerável e calar-se — foi a mesma que estava tendo em meu consultório.

A experiência da infância de Jenna repercutiu muitas vezes em seus encontros sexuais na adolescência e idade adulta. "Quando eu estava em uma situação em que não me sentia à vontade com o que estava acontecendo, não conseguia me defender. Em vez disso, sentia-me muito mal e desconfortável. Toda a minha atenção ia para o pânico associado a esses sentimentos e o modo como me tirava a capacidade de falar. Eu não conseguia dizer 'Não quero fazer isso agora', então não dizia nada e aquilo acontecia, e eu me sentia vitimada. Depois me sentia realmente mal por ficar me colocando nesse tipo de situação. Eu não tinha meios para sair do estado de paralisia."

Finalmente Jenna os obteve. Hoje ela sabe que, paradoxalmente, a chave para sair desse estado é a capacidade de se permitir fazê-lo. "Depois que o medo e a paralisia ocorreram várias vezes em seu consultório — e isso foi ruim, mas *realmente* acabou —, comecei a ter um pouco de espaço ao redor para poder começar a falar com você enquanto estava nesse estado. Pude dizer para mim mesma 'Vou sair disso' e acreditar no que dizia. Então comecei a ser capaz de me orientar para me *deter* nesse ponto, renovar minha confiança e me sentir confiante. A paralisia ainda ocorre algumas vezes, mas é muito diferente porque, quando sinto que está começando — apenas um pouco de desconforto —, não entro em pânico. O medo que poderia sentir a seguir costumava me paralisar ainda mais. Agora percebo o desconforto e o momento crítico do medo, mas não tento afastá-lo o mais rápido que puder, e isso cria mais espaço, o que é bom." Ela resume deste modo seu novo conhecimento: "Não é nem um pouco intuitivo. Você presume que, se afastar o medo, ele diminuirá. Mas na verdade aumenta e, quando você o deixa ficar, diminui."

A recém-descoberta capacidade de Jenna de aceitar esse sentimento difícil a fez confiar mais em si mesma. Agora ela sabe como experimentar desconforto interno e não reagir com o sentimento aterrorizante de "Não conseguir lidar com isso". *Voltar-se para* o sentimento e explorá-lo, em vez de afastá-lo, também resultou em uma nova compaixão por si mesma. "Eu costumava sentir raiva de mim por cometer sempre o mesmo erro. Agora realmente sei que não podia escolher que a paralisia não ocorresse. Sinto compaixão por mim mesma e me perdôo."

Com mais compaixão por si mesma, a vaga sensação de que "havia algo realmente ruim por dentro" começou a se dissipar, o que, por sua vez, tornou muito mais fácil para ela se aproximar do marido quando estava se sentindo estressada e "feia". "Agora não fico apenas zangada e me afasto. Consigo dizer o que está acontecendo comigo e lhe peço ajuda."

Além dessa mudança necessária no relacionamento com o marido, houve outro benefício do trabalho interior de Jenna que ela não esperava: ele abriu a porta para a introspecção. Jenna havia aprendido a meditar com uma colega da universidade, mas nunca fora capaz de fazer isso regularmente. Agora entendia por que a meditação, que envolvia ficar sentada quieta, estar consigo mesma e se permitir experimentar quaisquer sentimentos e sensações que surgissem, fora tão difícil para ela. Pela primeira vez se sentiu bastante segura para fazer um retiro de meditação de fim de semana e meditar com constância.

O que significa aceitar os sentimentos difíceis?

A monja budista americana Pema Chödrön observa: "Como espécie, nunca deveríamos subestimar nossa baixa tolerância ao desconforto."[2]

Contudo, como ilustra a história de Jenna, realmente é possível aprender a se voltar para os sentimentos perturbadores. Quando você faz isso, beneficia-se às vezes de modos inesperados. Em alguns casos, basta se conscientizar de uma tendência a evitar sentimentos e entender por que é importante aceitá-los para começar a experimentar algo diferente. Dependendo de sua história, sua vida atual e dos problemas que esteja enfrentando, você é capaz de realizar esse processo sozinha ou, como Jenna, precisa de ajuda. O exercício no final deste capítulo a guiará no processo de aceitar suas emoções. Se você o ler até o fim e ele lhe parecer viável em vez de assustador, faça-o sozinha. Se, ao ler, você sentir algumas partes suas brecando, erguendo bandeiras vermelhas ou resistindo fortemente de outro modo a essa idéia, ouça a si mesma. Confie nos instintos e no senso de oportunidade. Pense em obter ajuda: às vezes basta a ajuda de uma pessoa amiga, enquanto, em outros casos, é preciso contar com ajuda profissional. Se você tem uma história de drama ou depressão, ou está preocupada com outro problema de saúde mental, seria sensato buscar ajuda profissional, especialmente se a prática de se voltar para os sentimentos for nova para você.[3]

A chave para aceitar os sentimentos é uma atitude de acolhimento que, para a maioria de nós, é um modo estranho de lidar com qualquer tipo de desconforto. Mas é possível cultivá-lo, como nos ensinou uma participante de meus grupos do Rio Interior. Quando Lynn entrou para o grupo, já meditava há alguns anos. Ela serviu de modelo para outras mulheres que tentavam lidar com emoções difíceis durante a introspecção. Lynn disse: "Sempre que eu me sento para meditar — *sempre* —, atinjo uma camada de tristeza. Agora já me acostumei com isso; sei que estará lá, sinto-a quando começo a me aquietar e finalmente desço por ela. Hoje sei que é apenas uma camada de sentimento e não devo temê-la. Posso reconhecê-la e isso me leva a reconhecer outros sentimentos, inclusive uma sensação de paz constante por baixo da tristeza."

Com a ajuda da meditação, Lynn passara a aceitar essa tristeza sem torná-la maior do que era, tentar evitá-la ou fazer com que fosse embora. Segundo minha experiência, essa aceitação, ou "amizade incondicional", como é chamada no budismo, é a atitude mais útil que podemos cultivar em relação aos sentimentos difíceis. Aceitar determinado estado emocional não significa necessariamente apreciá-lo. Significa deixar essa emoção ser como é; não negá-la, minimizá-la, reprimi-la, entregar-se a ela ou traduzi-la em ação. É claro que é mais fácil falar sobre a verdadeira aceitação, deixar as coisas serem como são, do que tê-la. Quando experimentamos um grande sofrimento ou, às vezes, apenas ao menor sinal de inquietude associada ao medo, a maioria de nós é tão rápida em procurar um fim para isso que nem mesmo percebe o que está fazendo. Nós nos ocupamos, tomamos uma bebida, telefonamos para um amigo, comemos um biscoito — fazemos o que for preciso para esse sentimento desaparecer. Com o correr do tempo, desenvolvemos o hábito de evitar os sentimentos perturbadores. Como ocorre com qualquer hábito, é preciso esforço e prática para desaprender esse método de lidar com os sentimentos.

Miriam Greenspan, em seu sábio livro *Healing Through the Dark Emotions*, afirma: "Nossa ignorância emocional tem menos a ver com nossa incapacidade de dominar as emoções negativas do que com nossa incapacidade de *senti-las* genuína e conscientemente."[4] Esse é um ponto importante. É óbvio que, quando suprimimos, reprimimos ou afastamos de outro modo um sentimento, não o estamos aceitando. Mas aceitar *tampouco* significa nos entregarmos ao sentimento. Sentir genuína e conscientemente um sentimento não é o mesmo que traduzi-lo em ação. Pema Chödrön faz uma descrição interessante do que acontece quando nos entregamos aos sentimentos:

> Um simples sentimento surge e, em vez de apenas deixá-lo onde está, entramos em pânico... Em vez de apenas nos sentarmos com algum tipo de abertura em relação ao sentimento perturbador, abrimos um fole e o sopramos. Com nossos sentimentos e emoções, o mantemos inflamado, ardente; não o deixamos se dissipar... Nós o intensificamos e marchamos pela rua com cartazes que proclamam o quanto tudo é ruim. Batemos em todas as portas pedindo às pessoas para aderirem a abaixo-assinados até termos todo um exército de pessoas concordando conosco que tudo está errado.[5]

Se Alice, irritada com a infidelidade do irmão, tivesse apenas agido por raiva em vez de parar para se voltar para a raiva e ficar atenta a ela, o aniversário do irmão poderia ter sido memorável, mas não de um modo bom. Não agir por raiva não significou deixar de expressar suas opiniões no momento certo; Alice acreditava que o irmão seria muito mais receptivo ao que ela pensava sobre a situação dele quando pudesse lhe transmitir preocupação, em vez de raiva. Se ela tivesse simplesmente se entregado à raiva, não teria conseguido ouvir nem receber a mensagem básica de tristeza que lhe deu uma perspectiva nova e curativa de seu passado.

Portanto, aceitar um sentimento não significa entregar-se a ele, reprimi-lo ou tentar manipulá-lo de algum modo. Significa parar quando notamos uma emoção e a deixarmos existir; respirar com ela, dar-lhe algum espaço em nossa consciência e realmente *senti-la*. Nós notamos as sensações físicas que acompanham naturalmente os sentimentos. (Quando tentamos administrar ou manipular emoções, podemos nos esquecer de que elas são, em primeiro lugar, energias que vivem no corpo.) E, nesse processo de permitir e levar a sério os sentimentos sem julgamento ou manipulação, podemos realmente receber a informação e a energia que nossas emoções têm a nos oferecer. Greenspan explica o objetivo das emoções sombrias de desgosto, medo e desespero: "Seu objetivo não é nos deixar infelizes, loucos, envergonhados, fracos ou derrotados, mas nos ensinar sobre nós mesmos, os outros e o mundo, abrir nossos corações à compaixão, nos ajudar a curar e mudar nossa vida. Elas nos trazem informações e nos fornecem energia — a matéria-prima da capacitação e da transformação espirituais."[6] Para as emoções serem esse tipo de combustível, precisamos ter a capacidade de nos voltar para elas e, como aprendeu Jenna, dar-lhes espaço em nossa consciência e em nosso corpo.

Sentimentos "positivos" perturbadores

Normalmente presume-se que os sentimentos difíceis são "negativos", mas muitas pessoas também acham os sentimentos "positivos" perturbadores. Para Kristen, com um padrão de uma vida inteira de satisfazer as necessidades alheias e negligenciar as próprias, um dos maiores desafios foi aprender a tolerar elogios, apreciações ou quase todos os tipos de atenção positiva. Ela chegou a descrever os presentes de aniversário como "penosos" e, às vezes, "martirizantes". Quando começou a se sentir melhor em relação a si mesma, tornou-se mais capaz de receber atenção positiva dos outros e não extinguir imediatamente os sentimentos positivos que surgiam dessa atenção, de outros eventos ou outras experiências. O desconforto de Kristen com os sentimentos "bons" era incomumente forte, mas, para muitos de nós, os sentimentos positivos podem tocar em um ponto interior de desmerecimento ou chamar atenção para uma dolorosa falta de amor ou felicidade básica da qual não queremos nos lembrar. Por esses e outros motivos, podemos rechaçar, minimizar ou evitar os próprios sentimentos que podem nutrir esses pontos famintos. Se esse for seu caso, aprender a aceitar o amor, a alegria e a gratidão é uma parte tão importante da jornada para o Rio Interior quanto aceitar o desgosto, o medo e o desespero.

As crenças que nos impedem de aceitar os sentimentos

"Nascemos com preconceitos sobre as emoções sombrias", diz Miriam Greenspan. "Podemos mudar aquilo em que acreditamos e o modo como reagimos ao desgosto, medo e desespero... e começar a saborear a liberdade e o poder de deixar nossas emoções existirem."[7]

Várias crenças comuns no que Greenspan chama de nossa cultura "com fobia a emoções" alimentam o hábito de tentar *não senti-las*. Quando ler sobre as crenças a seguir, veja se uma ou mais delas descrevem um obstáculo mental que você possa ter, talvez inconscientemente, aos próprios sentimentos. Se nenhuma se aplicar a você, talvez ler sobre elas a ajude a pensar em suas crenças em relação aos sentimentos que poderiam impedi-la de aceitar suas emoções.

Crença bloqueadora: "Se eu abrir a porta para os sentimentos que tenho evitado, serei dominada e consumida por eles."

Quando temos essa crença bastante comum, tememos que, se nos permitirmos sentir emoções sombrias, elas se tornem grandes e destrutivas como um maremoto. Na verdade, o medo de que certos sentimentos sejam avassaladores freqüentemente é intensificado por nossos esforços no sentido de ignorá-los ou evitá-los. Essa dinâmica é parecida com a de um pai que lida com uma criança que grita e fica fora de controle quanto mais lhe é dito para esperar, esperar e esperar: quanto mais a criança grita, mais o pai presume que atender às suas necessidades tomará muito tempo e energia. Na verdade, quando o pai volta sua atenção *para* a criança, ela se acalma e suas exigências se tornam mais administráveis. De igual modo, quando voltamos nossa atenção para um sentimento que estávamos ignorando, ele se torna *mais* administrável.

Crença bloqueadora: *"Se eu me permitir sentir as emoções que tenho evitado, isso será tudo que conseguirei sentir; elas assumirão o comando e eu perderei o controle de minha vida."*

Essa é a crença do "tudo ou nada" em relação às emoções. Se eu não me recusar a admiti-las, elas controlarão minha vida. Se eu não as dominar, elas me dominarão. O antídoto aqui é o princípio dos pequenos passos discutido no Capítulo 3. Podemos admitir um sentimento perturbador em pequenas doses, nos voltar para ele e depois escolher afastá-lo. Como aprendeu Jenna, sua psique já estava muito capacitada a afastá-la do sentimento paralisante e ela não teve de abrir mão dessa capacidade ao seguir na direção do desconforto: "Precisei de algumas sessões para acreditar que poderia me voltar para dentro, sentir essas emoções e depois sair e passar o resto de meu dia sem ser totalmente subjugada por elas."

Crença bloqueadora: *"Se eu me permitir sentir as emoções que tenho evitado, terei de mudar minha vida — agora!"*

Um exemplo dessa crença em ação poderia ser: "Se eu me permitir sentir o quanto estou infeliz em meu casamento, terei de me separar." A suposição básica é a de que, se nos permitirmos sentir nossas emoções, elas nos dominarão e determinarão imediata e totalmente nossos atos. Na verdade, ainda temos nossa mente e nossa capacidade de fazer escolhas inteligentes e mudanças sensatas. Nossos sentimentos nos dão mais informações — com freqüência muito valiosas — que nos ajudam a fazer essas escolhas, mas não impõem necessariamente um mandato ou cronograma para a mudança e, certamente, não excluem a ação cuidadosa e pensada. Por exemplo, quando Doris veio para a terapia, era infeliz em seu casamento há anos. Como temia iniciar uma mudança, tentara por muito tempo dizer a si mesma que o casamento não era tão ruim. Quando ela teve um lugar seguro para ver e sentir totalmente sua infelicidade, passou vários meses pensando no que fazer. Quando finalmente decidiu pôr fim ao casamento, elaboramos um plano que a faria caminhar por mais de um ano em pequenos passos na direção da separação. Doris precisava de tempo para se acostumar com a idéia, levar em conta o momento oportuno para seus dois filhos quase adultos, programar-se financeiramente para essa situação e assim por diante. Embora o divórcio fosse doloroso, ela estava bem preparada do ponto de vista emocional e prático para essa grande mudança de vida.

Crença bloqueadora: "Basta eu poder entender, analisar ou controlar mentalmente minhas emoções; não há motivo para realmente senti-las."

Essa crença é o desejo coletivo de uma cultura com raízes na filosofia de Descartes, refletida em sua afirmação: "Penso, logo existo." Há modos de tornar a mente uma aliada para aceitar os sentimentos (como veremos nos exercícios a seguir), mas deixá-la dominar não é um deles. Entender os sentimentos pode ser útil, mas não é um substituto para realmente senti-los. Se usarmos nossa mente para dominar nosso coração, poderemos nos sentir no controle, porém, mais cedo ou mais tarde, também nos sentiremos desconectadas de nós mesmas e dos outros.

Identificar e contestar as crenças que contribuem para mantermos à distância os sentimentos difíceis nos ajuda a abrir o caminho para aprendermos a acreditar que podemos lidar com tudo que descobrimos dentro de nós. Se uma ou mais das crenças já relacionadas estiverem bloqueando seu caminho, crie uma crença alternativa que o desbloqueie. Por exemplo, se você é afetada pela crença de que basta entender ou controlar suas emoções, em vez de senti-las, uma crença alternativa poderia ser "Valorizo tanto minha mente quanto meu coração" ou "Recebo informações e energia valiosas tanto de meus sentimentos quanto de minha mente".

Uma crença geral que poderia substituir qualquer uma das crenças bloqueadoras já mencionadas é algo como: "Posso me abrir, em meu próprio ritmo, ao que meus sentimentos (ou identifique um sentimento específico) têm a me ensinar (mostrar, dar)." Fique à vontade para usar outra versão disso ou criar a própria crença alternativa com as palavras certas para você. Quando estiver pronta, o próximo passo é praticar a aceitação de um sentimento.

❧ Exercício: Respiração consciente

Um dos modos mais simples e fáceis de aceitar os sentimentos é por meio da respiração consciente. Respirar conscientemente pode diminuir o desconforto ou sofrimento e nos ajudar a ir na direção de um sentimento difícil em vez de resistir a ele, o que freqüentemente o intensifica.

Como costuma ser mais fácil identificar as sensações físicas do que as emoções, este exercício se concentra em uma sensação no corpo. O processo de respirar conscientemente é o mesmo se a sensação é física ou emocional, por isso concentrar-se nas sensações físicas lhe permite praticar.

Depois de você ler este exercício até o fim, feche os olhos e preste atenção em seu corpo. Conscientize-se de todos os locais de desconforto ou dor. Se notar mais de uma sensação física desconfortável, escolha uma na qual se concentrar por enquanto. Se não perceber desconforto algum, leia todo este exercício agora e o faça na próxima vez em que notar desconforto ou dor física.

1. Deixe a atenção se dirigir ao local de desconforto em seu corpo. Observe a sensação física e se conscientize desse local. Imagine que está respirando dentro e ao redor dele. Conscientize-se ao mesmo tempo da sensação física e da respiração. Você não está tentando fazer com que algo em particular aconteça. Só está respirando com a sensação de desconforto.
2. Respire "com" essa sensação por alguns minutos e observe sua experiência de dor ou desconforto. Ela muda? Seu relacionamento com ela muda? Leve o tempo que precisar. Depois abra os olhos e, se quiser, faça algumas anotações.

Aprender a respirar com o desconforto é uma habilidade valiosa no processo de aceitar os sentimentos. O próximo exercício é mais um passo nesse processo, usando sua capacidade de respirar com uma sensação.

Exercício: Pratique a aceitação dos sentimentos

As duas partes deste exercício são modos de praticar a aceitação dos sentimentos. A primeira é para ser feita quando você *não* estiver no calor do momento, e a segunda assim que surgir uma emoção não solicitada no meio do dia. Em ambos os casos, lembre-se de que o objetivo desta prática é enriquecer sua vida cotidiana. Entrar em contato com a fonte dessa riqueza, o Rio Interior, inclui experimentar altos e baixos emocionais. Quando aceitamos os sentimentos, cultivamos o tipo de força e resiliência emocional que nos permite ter uma vida interior mais plena e estar mais presentes para os outros.

Parte 1: Volte-se para um sentimento difícil

Vá para um lugar tranqüilo em um momento em que não será perturbada por dez a vinte minutos. Se quiser, esse pode ser seu momento de introspecção do dia. Primeiro leia todo o exercício; depois feche os olhos e os abra para ler os passos, quando necessário.

1. Respire profundamente algumas vezes e deixe sua consciência se voltar para seu interior. Agora *lembre-se de uma situação do passado recente que tenha provocado sentimentos um pouco difíceis ou desconfortáveis.* Não escolha uma grande briga com um ente querido, um incidente muito perturbador no trabalho ou seu pior momento do ano passado. Aplique novamente aqui o princípio dos pequenos passos, escolhendo algo relativamente fácil com que trabalhar — por exemplo, ficar presa em um engarrafamento de trânsito, esperar por alguém que se atrasou para um encontro, ler um obituário ou uma notícia triste, ou notar uma leve mas estranha sensação física ou um ligeiro sintoma.
2. Quando você escolher uma situação, reviva-a o melhor que puder. Em sua imaginação, desacelere a experiência ou seqüência dos acontecimentos e se pergunte: *"O que estou sentindo?"* Veja se consegue identificar a emoção ou as emoções presentes nessa situação. O que sente? Raiva? Frustração? Ressentimento? Tristeza? Ansiedade? Medo? Pânico? Nojo? Vergonha? Culpa? Desespero? Uma combinação de dois ou mais sentimentos? Nesse caso, para os objetivos deste exercício, escolha o sentimento mais profundo ou forte, mais proeminente em sua experiência.
3. *Note todos os pensamentos* que você possa ter como reação a esse sentimento. Os pensamentos *sobre* um sentimento não são idênticos à energia pura do sentimento propriamente dito. Este passo é uma mudança para nos conscientizarmos mais dos pensamentos ou das histórias que contamos para nós mesmas sobre o que sentimos. Leve o tempo que quiser para se conscientizar dos pensamentos que acompanham o sentimento. Por exemplo, se o sentimento que você identificou for raiva, pode ter um ou mais destes tipos de pensamentos:
   - "Cá estou eu de novo, sempre me irritando com pequenas coisas."
   - "Eu *odeio* ficar com raiva. Esse é um sentimento feio."
   - "Esta raiva é tão boa... por que não me permito senti-la mais vezes?"
   - "É claro que fiquei zangada. Qualquer pessoa ficaria com o que ele fez!"

   Com uma atitude de curiosidade e consciência não-julgadora, apenas note e se familiarize com o enredo da história que acompanha o sentimento. Você pode chamar isso de "enredo da história" ou "pensamentos sobre a raiva". Rotulá-lo desse modo neutro, sem um conteúdo específico, encoraja uma atitude objetiva e observadora em relação ao que pensamos quando sentimos. Essa atitude de testemunhar sem julgar ajuda a evitar nos atolar em pensamentos reativos sobre nossos sentimentos.

4. Agora volte a atenção para seu corpo. Pergunte-se: *"Como experimento este (a)* _____ (identifique o sentimento) *em meu corpo?"* Por exemplo, você nota:
   - Que sua respiração está difícil ou pouco profunda?
   - Aperto ou rigidez nas mãos, no peito, nos ombros, nos maxilares ou no estômago?
   - Um vazio em suas entranhas?
   - Tremor ou formigamento em seus braços ou pernas?
   - Calor ou frio em alguma parte ou em todo o seu corpo?
   - Dormência ou insensibilidade em alguma parte ou em todo o seu corpo?

   Essas são apenas algumas possibilidades. Conscientize-se de seu corpo. Tente ouvi-lo e observá-lo. Mais uma vez, seja curiosa e tente se conscientizar o máximo possível de suas sensações físicas sem ser julgadora, sem tentar mudá-las, simplesmente as notando. Você pode dar nome a essas sensações quando notá-las. Por exemplo: "Rigidez. Calor. Tremor."

5. Permaneça com a sensação física desse sentimento no corpo, *deixe-a existir, admita-a, dê-lhe espaço, respire com ela.* Esses são modos diferentes de fazer as pazes com o sentimento. Respirar com as sensações físicas que acompanham o sentimento pode ajudar a produzir uma atitude de aceitar e dar espaço. Não tente fazer o sentimento mudar ou desaparecer. Apenas o admita e tome conhecimento dele. Ao agir assim, note o que acontece. O sentimento se intensifica? Dissipa-se? Continua igual?

6. Quando você admitir o sentimento e respirar com ele, também pode *deixar surgir uma frase, um gesto ou uma imagem* que expresse sua atitude de aceitação. Por exemplo, se o sentimento for medo, você pode *dizer* a si mesma: "Eu posso admitir o medo em minha experiência", "Essa é a sensação do medo", "Eu posso respirar com medo" ou simplesmente

"Oi, medo". Um *gesto* de aceitação do medo pode ser abraçar a si mesma ou afagar-se de um modo tranqüilizador. Uma *imagem* de aceitação do medo pode ser uma ursa protegendo seu filhote.

Não se apresse. Quando estiver pronta, abra os olhos. Se quiser, faça algumas anotações.

Este pode parecer um processo longo e complexo quando você lê sobre ele. Mas geralmente, quando você se familiariza com seus passos, só precisa de alguns minutos para dá-los. Se isso ajudá-la, use este resumo dos passos:
- Notar e identificar.
- Respirar e aceitar.

Adapte o processo para torná-lo melhor para você. Não precisa se prender a detalhes dos passos ou dá-los à risca. Lembre-se de que a essência desta prática é notar, ir na direção e se permitir experimentar os sentimentos que normalmente você poderia bloquear ou evitar.

Parte 2: Aceite os sentimentos do momento

Nesta parte do exercício você desenvolverá a capacidade de aceitar os sentimentos nas "linhas de frente". Por exemplo, você ouve falar que haverá uma grande dispensa de funcionários em sua empresa e, subitamente, se sente cansada e com náuseas. Ou descobre que seu parceiro pagou a hipoteca atrasada *de novo*, pagando juros por atraso *de novo*, e tem vontade de parar tudo que está fazendo, interrompê-lo no trabalho e gritar com ele. Ou tem um tempo livre inesperado e, embora o desejasse há muito tempo, sente certa inquietude, um desconforto vago, que a faz querer preencher esse tempo com atividades inúteis.

Todas essas situações apresentam oportunidades de aceitar os sentimentos. Às vezes nós sabemos o que estamos sentindo e, em outras ocasiões, nos distanciamos tão rapidamente de nossos sentimentos que nem mesmo sabemos que estamos reagindo emocionalmente a uma situação. Seja como for, você pode praticar aceitar o sentimento quando ele surgir.

Se reconhecer imediatamente que está, digamos, zangada, pode dar diretamente os Passos 3-6 da Parte 1. Se sua reação emocional for menos clara ou disfarçada (por exemplo, se sentir cansaço ou náuseas), pode começar observando e identificando o sentimento, e perguntando a si mesma: "O que estou sentindo agora?" (Passo 2 da Parte 1) e dar os Passos 3-6. Se você não puder parar no meio da situação para aceitar o sentimento, encontre um tempo e um lugar em que possa fazê-lo depois.

A prática realmente resulta em desenvolver um relacionamento mais amigável com os sentimentos. Isso se torna mais fácil com o decorrer do tempo. Cada passo, não importa o quão pequeno seja, conta como uma vitória. Se você conseguir permanecer com aquele desconforto inquieto por pelo menos alguns minutos a mais do que normalmente permaneceria antes de partir para uma atividade, conte isso como uma vitória e anote-a em seu registro das vitórias. Se não conseguir, mas estiver mais consciente do momento que escolhe para se distanciar do sentimento, também conte isso como uma vitória e anote-a.

A resiliência emocional desenvolvida quando aceitamos nossos sentimentos afeta tanto nossa vida interior quanto a exterior. É mais fácil praticar a introspecção e explorar os panoramas internos se não temermos o que poderíamos descobrir quando nos aquietamos. Quanto mais pudermos ter confiança e admitir nossos sentimentos como parte de quem somos, mais nos abriremos à esfera do Rio Interior e às riquezas que ela tem a nos oferecer. Visivelmente, aceitar nossas emoções tem implicações positivas em nossos relacionamentos. Como vimos com Jenna e Alice neste capítulo, os benefícios para os relacionamentos com os outros são realmente a conseqüência de um melhor relacionamento com nós mesmas. Perto do fim de seu trabalho comigo, Jenna notou que era muito mais capaz de ouvir seu marido e prestar atenção a como ele se sentia, o que foi claramente positivo para ele, mas também muito satisfatório para ela. Como Jenna disse: "Quando você começa a ter compaixão por si mesma, também pode ter pelos outros!"

Capítulo 7

Modere suas expectativas sobre si mesma

"Talvez o ensinamento mais importante seja acalmar-se e relaxar. Quando trabalhamos com nossa mente enlouquecida e confusa, ajuda muito nos lembrarmos de que o que estamos fazendo é liberar uma brandura que há em nós e deixando-a se espalhar. Nós a estamos deixando cobrir as pontas afiadas da autocrítica e da queixa."
— Pema Chödrön, *Quando tudo se desfaz*

Embora provavelmente tenha sido dez anos atrás, ainda me lembro bem de uma imagem partilhada por uma mulher em um grupo do Rio Interior que não estava conseguindo administrar sua vida. Ela disse que seu dia-a-dia parecia uma colcha de retalhos com alguns pedaços faltando, principalmente nas bordas. Queria que sua vida fosse como as colchas que fazia como hobby: sem falhas, lindamente elaborada, totalmente alinhada e simétrica.

Nem todos têm uma imagem tão clara de como querem que a vida seja, mas a maioria das pessoas, tenha ou não consciência disso, avalia a própria vida segundo uma imagem de "como deveria ser". Essas imagens idealizadas, expectativas ou padrões, podem nos ajudar a definir e alcançar nossos objetivos, adquirir habilidade e mestria nos empreendimentos que escolhemos e fazer escolhas compatíveis com nossos valores. Mas as expectativas também podem nos causar problemas. Quando altas e rígidas demais, a pressão resultante pode fazer com que nos sintamos coagidas, fragmentadas e desconectadas de nós mesmas, para não dizer infelizes. Essa não é uma atmosfera que convida o Rio Interior a fluir em nossa vida!

Em vez disso, quando temos expectativas demais sobre quem deveríamos ser ou o que deveríamos fazer, condenamo-nos a um esforço e trabalho intermináveis. Exigindo menos de nós mesmas, não só tomamos em consideração uma abordagem mais flexível e criativa da vida, como começamos a criar um ambiente interior mais favorável ao equilíbrio, à profundidade e à calma. Por sua vez, esse ambiente receptivo abre espaço para o contato com o Rio Interior.

Nos Capítulos 4 e 5, examinamos algumas das mudanças externas que podemos fazer para promover o contato com o Rio Interior: criar tempo para a solitude da introversão e estabelecer limites para termos tempo para o que é mais importante. No Capítulo 6, ao examinarmos a prática de aceitar os sentimentos, começamos a ver as mudanças *internas* que contribuem para o processo do Rio Interior. Neste capítulo, aprenderemos a moderar nossas expectativas sobre nós mesmas, tanto no que diz respeito a quem somos quanto ao que fazemos, o que é outra habilidade interna importante.

Sabemos que não é fácil moderar essas expectativas. Alguém já lhe disse para simplesmente relaxar e, em vez de isso ajudá-la, deixou-a furiosa? Se pudéssemos simplesmente fazer isso, provavelmente o faríamos.

Contudo, a vida tem um modo de nos ensinar a relaxar, e podemos moderar naturalmente certas expectativas à medida que envelhecemos. Mas também há quatro passos proativos que nos ajudam a evitar tanto "deveria":

- Descobrir as origens das expectativas.
- Conhecer as vozes interiores que mantêm as expectativas.
- Questionar essas vozes e fazer escolhas conscientes em relação a relaxar.
- Descobrir e desenvolver a voz de amizade incondicional por nós mesmas.

Trabalhar com esses passos não é um processo linear e você não precisa necessariamente dar todos eles para moderar suas expectativas sobre si mesma. No caso de ler os passos anteriores como uma lista de providências que deve se apressar a tomar, deixe-me lembrá-la, como freqüentemente lembro a mim mesma, de que moderar as expectativas é um processo *gradual*, em que se deve dar um passo de cada vez. O primeiro passo é simplesmente relaxar e continuar a ler.

As origens de nossas expectativas

Uma de minhas descrições favoritas das raízes de nossas expectativas é uma tira cômica de Cathy Guisewite. Cathy está espanando e varrendo loucamente antes da chegada dos convidados. Com um olhar de desespero, ela pede a seu namorado, Irving, para ajudá-la a limpar toda a sujeira. "Que sujeira?", pergunta ele. Ela responde que a casa está imunda, mas Irving não consegue ver o problema e lhe diz que ninguém notará sujeira alguma. Cathy, ainda em pânico, responde que é claro que as *mulheres* notarão. Irving é todo racionalidade e diz que as mulheres estão tão ocupadas quanto ela e não se importarão com isso. Cathy replica: "Eu não disse que elas se importarão. Disse que notarão! Notarão porque suas mães notariam. Notar é julgar! Ser julgada é ser criticada por uma descendente de uma mãe com quem nem mesmo me relaciono!! Qualquer mulher que entre pela porta é membro da força materna universal e ESTA CASA ESTÁ IMUNDA!!!" O próximo quadro mostra dois casais chegando. Um dos homens se desculpa por estar atrasado, dizendo que sua mulher teve de limpar o forno "no caso de todos acabarem indo para a casa deles e alguém querer assar alguma coisa". O outro homem diz: "Linda teve de passar as cortinas." E Irving responde: "Não precisavam se apressar. Cathy está trocando o forro de todas as gavetas do banheiro."[1]

Além de termos senso de humor em relação ao modo como nossos padrões podem nos deixar um tanto malucas, um primeiro passo para nos livrarmos de nossas expectativas altas demais é darmos uma boa olhada em sua origem. Nossa história individual, moldada por tradições, valores e crenças de nossos pais e outros membros da família, ajudou a criar os padrões que seguimos. Se minha mãe — e talvez a mãe dela — achava que *sempre* se deveria tomar banho antes de ir para a cama, deixar de tomá-lo uma noite pode provocar uma série de reações internas, de uma pontada de culpa e ansiedade a uma sensação de extrema rebeldia ou transgressão vergonhosa. Se, em sua família, não havia uma hora estabelecida para tomar banho, isso pode parecer loucura. Mas os padrões que seguimos inconscientemente na infância podem ser muito poderosos.

Eu tenho amigas cujas mães sempre faziam sobremesas caseiras porque eram as únicas boas. Uma amiga, de vinte e poucos anos, ficou esgotada preparando uma festa para comemorar a aposentadoria de um professor querido de seu curso de graduação. Ela fez oito sobremesas caseiras, não porque gostasse particularmente disso, mas porque *não* poderia deixar de corresponder à expectativa que herdara. Minha amiga não só precisou de um dia inteiro de recuperação depois de sua maratona, como se concentrou tanto em fazer e apresentar as sobremesas que não aproveitou a festa.

Além dos "faça" e "não faça" incutidos por nossa criação, todas nós somos afetadas em um determinado grau pelos padrões coletivos de nossa cultura. Independentemente do fato de os seguirmos ou rejeitá-los, temos de lidar com sua influência. Eles incluem normas sobre qual deve ser nossa aparência física e nosso nível de saúde e capacidade física. Às vezes são contraditórios, como na expectativa de que devemos ser independentes, mas também capazes de atrair um parceiro. As normas podem se acumular a ponto de se mostrarem opressivas: devemos ser membros competentes da força de trabalho e participantes ativas na comunidade, além de mães atentas, organizadas e cuidadosas, ou tudo isso junto. Basicamente, nossa sociedade promove o ideal da supermulher. Esse padrão recompensa o modelo multitarefa e o de ser tudo para todos o tempo todo (e, além disso, estar bonita).

Também são partes da "água em que nadamos" as expectativas culturais ligadas ao que é comumente chamado de "O Sonho Americano". Esse ideal, agora exportado para além das fronteiras dos Estados Unidos, baseia-se em expectativas de melhorar econômica, física e educacionalmente. Acrescente a isso a interminável busca americana por autoaperfeiçoamento que se tornou particularmente forte nos últimos trinta anos. Agora temos tantas oportunidades de nos aperfeiçoar que, se *não* o fizermos em todos os aspectos de nossa vida, pareceremos preguiçosas. Quando essas "oportunidades" de aperfeiçoamento são oferecidas no contexto de uma cultura que valoriza a conquista e a realização, em vez da existência, a pressão para alcançar a perfeição, por mais que esse objetivo seja impossível, pode ser enorme.

Vozes interiores

A parte "Crença Bloqueadora" do Capítulo 5 descreve como a personalidade é formada por várias partes. Nós podemos ver a influência delas em nossa vida no modo como nos comportamos e falamos com nós mesmas. Reconhecer duas dessas vozes interiores — a voz do perfeccionismo e a voz da autocrítica — e entender como trabalham pode ter um papel importante nos esforços para moderar nossas expectativas sobre nós mesmas.

A voz do perfeccionismo

As normas externas de nossa cultura aumentam e são aumentadas pela voz interior do perfeccionismo, que insiste em que façamos tudo direito e nunca cometamos um erro. Independentemente de se a voz se origina de esforços para corresponder a expectativas familiares, ao ideal cultural da supermulher ou a tudo isso junto, essa é a parte de nós que espera que a vida — e nós mesmas — seja como uma colcha de acabamento perfeito: sem pedaços faltando, partes incompletas ou malfeitas. Em seu livro *Bird by Bird,* a escritora Anne Lamott fala sem rodeios sobre os efeitos do perfeccionismo em relação à escrita e à vida: "O perfeccionismo é a voz do opressor, o inimigo das pessoas. Mantém você limitado e insano durante toda a sua vida... arruína sua escrita, bloqueando a criatividade, o bom humor e a força vital... Ser perfeccionista significa tentar desesperadamente não deixar tanta sujeira para limpar. Mas a desordem e a sujeira nos mostram que a vida está sendo vivida. A desordem é um solo admiravelmente fértil... A ordem me faz pensar em respiração e animação contida, enquanto a escrita precisa respirar e se mover."[2]

O perfeccionismo, quer se manifeste em atos criativos como o de escrever quer em como nos relacionamos com nós mesmas e vivemos, tende a bloquear ou enfraquecer a energia vital que, sem ele, flui livremente. Em seu livro *O vício da perfeição*, a psicóloga junguiana Marion Woodman descreve o exemplo extremo de uma jovem dominada pelo perfeccionismo:

> Eleanor... era a figura central na escola e na comunidade. Durante toda a sua vida tinha sido uma ótima atleta, aluna e líder. Aos 23 anos se viu comendo apenas pipoca, incapaz de tomar decisões, falar com qualquer pessoa... Quando não conseguiu mais fazer bem seu trabalho, teve de ser hospitalizada... Após algumas semanas, sentiu a confiança necessária para me mostrar seu livro de listas — anuais, mensais, semanais, diárias, diárias especiais —, todas meticulosamente organizadas.
>
> Quando sugeri que tinha de haver espaço para um pouco de espontaneidade, ela concordou obedientemente. Mas, uma semana depois, disse-me com tristeza: "Não faz sentido haver espaço para a espontaneidade. Não há nenhuma em minha vida." E, quando olhei para sua lista diária, mais tarde naquela sessão, vi: "14h15-14h30 — espontaneidade." Nessa simples frase estava a tragédia de sua vida.[3]

Embora a voz interior de Eleanor, que lhe dizia para ser perfeita, fosse especialmente severa, muitas mulheres são atraídas pela miragem da perfeição. Quando eu estava na casa dos vinte, tive um sonho que acho que traduz o poder e o fascínio do perfeccionismo. Nele, uma menina caminhava descalça por uma trilha, descendo uma montanha. Até então, ela vivera no alto da montanha. Lá, o ar era puro e rarefeito. À medida que descia, a menina podia ver a poluição e sentir o ar mais denso. Ela continuava a caminhar, mas ansiava por voltar ao ar puro da montanha e se sentia muito triste.

O sonho me ajudou a perceber que, de muitos modos, até então eu tentara me manter pura e distanciada da vida, especialmente de sua imperfeição confusa, terrena e suja. Embora eu não soubesse como fazer isso na época, reconheci que esse sonho era sobre abandonar o perfeccionismo. Realmente era muito triste ter de deixar aquele ar puro, e a jornada montanha abaixo levou muito mais anos do que eu havia imaginado.

Mas agora sei que não só há alegria e liberdade em aceitar a imperfeição, como também que a menina teve de descer da montanha para realmente viver e crescer. Também sei que ela teve de descer para encontrar o Rio Interior.

Distinta da espiritualidade rarefeita do alto da montanha, a do Rio Interior é incorporada e flui com a vida. Embora talvez tenhamos de nos afastar das atividades do mundo para nos conectar com ela, essa espiritualidade não rejeita o mundo, mas nos ajuda a nos engajar *nele*. A esfera do Rio Interior encerra uma quietude que é viva e vital, não a insensibilidade silenciosa da perfeição. Anne Lamott expressa esse tipo de espiritualidade enraizada em seus escritos sobre a fé: "Quase sempre a santidade se revela para mim nos momentos difíceis — de pouca ajuda, fragilidade e confusão. Os lugares muito sagrados, com vitrais e sons etéreos, podem aumentar minha ilusão de santidade, mas, nos momentos difíceis e em que me sinto perdida, posso encontrar a luz do pequeno progresso comum."[4] O contato com o Rio Interior pode nos ajudar a aceitar compassivamente a nós mesmas e ao mundo em que vivemos, a fragilidade e tudo mais.

O crítico interno — *aquela velha voz familiar*

Se a voz do perfeccionismo determina o que esperamos de nós mesmas, o crítico interno é a voz que avalia nosso progresso. Essas duas partes são primas próximas — para algumas de nós, podem ser a mesma coisa. Julia Cameron chama o crítico interno de "o Censor";[5] Clarissa Estés o chama "a Harpia" e diz que suas mensagens são "fala de Harpia".[6] (Na mitologia grega, as harpias são monstros com rosto de mulher e corpo de abutre que roubam comida de suas vítimas, deixando-lhes apenas o suficiente para sobreviverem.) Marion Woodman chama o crítico interno de "o corvo negro pousado em meu ombro esquerdo".[7] Alguns o chamam de o Juiz porque sua função auto-atribuída parece ser a de nos comparar e julgar em quase todas as áreas. O crítico interno tem uma capacidade incomum de nos derrubar e fazer com que duvidemos de nós mesmas e nos sintamos inadequadas.

Em minha própria vida, a voz do crítico interno se manifestou cedo e foi constante. No ensino fundamental, concentrou-se principalmente em garantir que eu me saísse bem nos estudos. Durante vários anos, tive dor de cabeça todas as manhãs de segunda-feira, o que mais tarde atribuí à pressão de meu jovem crítico interno. No ensino médio, seu domínio se expandiu, passando a incluir a imagem corporal, a popularidade e a capacidade (ou incapacidade) de atrair garotos. Segundo meu crítico interno, eu era gorda e alta demais, tinha nariz muito grande e seios muito pequenos. Lembro-me de que um dia olhei para meus braços na cantina da escola e os achei muito peludos. Sei que fiquei mortificada na época, mas ainda não consigo entender como cheguei a essa conclusão a partir do que vi.

Na universidade, no final dos anos 1960, os pêlos estavam na moda, por isso meus braços deixaram de ser um problema, mas o julgamento sobre o sucesso acadêmico e a atratividade física continuou. Além disso, meu crítico interno passou a se dedicar a duas novas causas: julgar minha criatividade e minha espiritualidade. No segundo ano da universidade, um professor disse que deveríamos escrever um ensaio para um curso de sociologia sobre o tema que quiséssemos. Tanta liberdade despertou meu crítico interno. Sempre que eu tinha uma idéia, começava sua fala de harpia. "Essa é uma idéia estúpida!"; "O quê? Você quer escrever sobre *isso*?"; "Isso já foi feito, e muito melhor do que você poderia fazer. Você não tem nenhuma idéia *original*?"; e assim por diante. Eu ficava completamente paralisada. Finalmente, escrevi um ensaio sobre o quanto achava difícil escrever um ensaio com um tema de livre escolha.

Na universidade, comecei a fazer ioga e meditação, e meu crítico interno atingiu o apogeu. Sempre havia muitos iogues melhores com quem me comparar. Na meditação, meu crítico interno se manifestava sempre que eu percebia que minha mente estava divagando. Sendo meu objetivo final a iluminação (o que quer que eu achasse que era isso na época), meu crítico interno não tinha dificuldade em encontrar provas de que eu não o estava atingindo.

E assim continuou. Meu crítico interno me acompanhava e descobria modos de se meter em quase tudo: meu primeiro emprego, minha pós-graduação, meu casamento, minha condição de mãe, minha participação na comunidade, minha vida doméstica. Eu adoraria poder descrever um momento muito transformador em que meu crítico interno foi subitamente embora em uma nuvem de fumaça para nunca mais voltar a sussurrar — ou gritar — em meu ouvido de novo. Tudo que posso dizer é que, enquanto eu escrevia este livro, essa velha voz familiar certamente me fez saber que não havia me abandonado totalmente!

Questione as expectativas

Quando as vozes interiores do perfeccionismo e do crítico interno se juntam com as normas familiares e o ideal cultural da supermulher para definir nossas expectativas sobre nós mesmas, a combinação pode ser irresistível — ou pior do que isso. Não admira que nos sintamos compelidas a ser e fazer mais, e ansiosas em relação a não conseguirmos. Para diminuir um pouco a pressão, podemos começar a questionar as fontes de nossas expectativas e ver se correspondem às nossas verdadeiras prioridades atuais. Esse tipo de exame torna mais fácil termos uma escolha sobre os padrões que seguiremos.

Quem disse?

Um modo simples de questionar nossas expectativas sobre nós mesmas é nos perguntarmos: "Quem disse?" Quem disse que devo fazer as camas antes de ir trabalhar (caminhar, escrever em meu diário, encontrar uma amiga)? Essa pergunta pode nos ajudar a entender onde em nossa história se originou esse "dever" em particular. Ou pode ser uma pergunta mais retórica: "Há algum tipo de regra que diga que eu *tenho* de fazer as camas antes de qualquer outra coisa?" Em ambos os casos, a pergunta cria uma pausa para que você possa se lembrar de que tem uma escolha. Dá-lhe espaço para se perguntar: "Isso é realmente importante para *mim*? Mesmo que *fosse* em uma época de minha vida, é importante *agora*? A resposta pode ser: "Sim. Minha mãe me ensinou a fazer minha cama quando eu tinha 8 anos. Isso era meu modo de organizar minha vida na infância e agora me dá satisfação, prazer e uma sensação de ordem quando começo meu dia." Se esse for seu caso, mantenha o ritual de fazer as camas. Mas digamos que você tenha o hábito de fazer as camas pela manhã e sua resposta sobre a importância disso seja: "Não, na verdade pouco me importa se faço as camas cedo, tarde ou não faço. Minha mãe gostava de tudo limpo e arrumado, mas um pouco de caos não me incomoda. Na verdade, acho os lençóis amarfanhados aconchegantes e convidativos. Há uma centena de coisas que prefiro fazer antes de arrumar as camas." Se esse for o seu caso, talvez esteja na hora de estabelecer novas prioridades em sua rotina da manhã.

É importante reconhecer a possibilidade de escolha. Carol, participante de um grupo do Rio Interior, explica:

> Perceber que *tenho* escolhas é em si um despertar. É muito fácil eu deixar minhas expectativas sobre mim mesma governarem meu dia. Quando posso, eu me pergunto: "Quem disse que devo fazer x, y ou z? Quero fazer isso? Tenho de fazê-lo até certa data ou de certo modo, ou só o estou fazendo para me acalmar?" Na verdade, freqüentemente minhas expectativas sobre mim mesma são determinadas pelo medo. Este é o diálogo interior: "Se eu não me preparar como uma louca para meu trabalho de professora no próximo outono, fracassarei. Espere um minuto — quem disse que estou assim tão despreparada? Eu mesma, ninguém mais. Ok, agora posso começar a relaxar e me concentrar no que realmente preciso fazer para ficar com o resto do verão livre." Aprendi que posso questionar as expectativas; não preciso ser escrava delas.

Relaxe

O objetivo de trabalhar com as expectativas sobre si mesma não é acabar totalmente com elas, mas relaxar um pouco, como sugere a monja budista Pema Chödrön. Um modo de fazer isso é ver como você mantém as expectativas em sua mente — isto é, seus padrões mentais sobre como deve ser ou se comportar. Por exemplo, você pode ter o padrão mental de uma casa imaculada, mas a sua estar freqüentemente bagunçada. A questão aqui não é se você segue esse padrão ou não, mas o padrão em si. Se você se agarra firmemente à expectativa de uma casa limpa e arrumada, quando a sua está bagunçada, seu estresse aumenta, não porque a casa está bagunçada, mas devido à *discrepância* entre como está e como você acha que deveria estar. Com a mesma desordem e menos rigidez em suas expectativas, você tem menos estresse. Um pouco menos de rigidez seria pensar: "Eu gostaria que a casa estivesse limpa, mas ela não *tem* de estar limpa *o tempo todo.*" Essa mudança mental torna possível, se preciso, aceitar o caos. Correndo o risco de dizer o óbvio, ninguém pode viver sem um pouco de bagunça. Se quisermos realmente *viver* em nossa casa em vez de tentar inutilmente torná-la perfeita, temos de aceitar a desordem, caso contrário poderemos enlouquecer tentando evitá-la e nos recriminar quando ela inevitavelmente ocorrer.

Quando somos rígidas em nossas expectativas, *acreditamos* (seja ou não objetivamente verdade) que tudo que precisa ser feito deve ser feito *agora* (é urgente!), *com perfeição* (segundo as normas aceitas) e *exatamente assim* (sem flexibilidade em relação a como, se ou quando será feito). Só de imaginar fazer as coisas dessa maneira você sente um pouco de falta de ar? É por isso que aprender a moderar as expectativas pode nos dar mais espaço para respirar.

Esperar menos de nós mesmas diminui a urgência que às vezes atribuímos a coisas que não são questões de vida ou morte. Isso significa aceitar nossas limitações e ser mais tolerantes para com as inevitáveis imperfeições em nós e na vida. Significa nos darmos uma oportunidade.

Quando você pensa em ser menos rígida em uma expectativa, o que lhe ocorre? Para algumas mulheres, isso poderia significar: "Eu adoraria ter tempo para fazer uma fantasia de Batman, mas não deixarei de ser uma boa pessoa se não fizer a fantasia de Halloween de meu filho este ano (ou nunca!)." Ou: "Eu sei que meus parentes por afinidade gostam de uma cozinha limpa (como eu), mas talvez meu mundo não acabe se eu não limpar o forno antes de eles chegarem." Ou: "Hoje é dia de fazer exercícios, mas, com a noite agitada que tive ontem, talvez eu não me torne uma viciada em tevê se não me exercitar hoje." Ou: "Talvez daqui a um ano não importe se eu retornar esse telefonema amanhã (ou semana que vem!) em vez de hoje."

É claro que alguns telefonemas exigem retorno imediato e podemos escolher não deixar de corresponder a certas expectativas. Mas, para ter equilíbrio na vida, temos de descobrir as situações em que podemos esperar menos de nós mesmas e nos permitir relaxar um pouco. Em minha própria vida e meu trabalho com inúmeras mulheres ao longo dos anos, vi muita energia física, emocional e mental ser desnecessariamente desperdiçada na busca da perfeição em situações em que isso não era realmente muito importante.

Para minha amiga que, com vinte e poucos anos, fez as sobremesas para a festa, a experiência daquela noite foi o início de um processo gradual de moderar suas expectativas sobre sobremesas caseiras. Ela começou a aceitar que a cozinha elaborada era um passatempo agradável para sua mãe, não para ela. A princípio, sentiu culpa ao comprar misturas para bolos ou sobremesas prontas. Mas agora, na casa dos quarenta, sabe que seu valor como pessoa independe totalmente do fato de fazer ou comprar uma sobremesa. Essa atitude mais relaxada lhe permitiu gostar de preparar bolos caseiros de vez em quando com seus filhos. Ela diz: "O importante para mim é criar algo com meus filhos e me divertir com eles. Sei que aprendem coisas com isso, mas a ênfase não consiste em 'É assim que *sempre deve* ser feito.'"

Aceite as coisas como são

A capacidade de moderar as expectativas se baseia em uma visão de mundo que definitivamente *não* pertence à nossa parte crítica e julgadora. Desde os vinte e poucos anos, eu tinha uma forte suposição germinada no solo de uma família de classe média alta do pós-guerra repleta de oportunidades e nutrida pelo movimento do potencial humano: acreditava que o ser humano tinha um potencial ilimitado de crescer, mudar e conseguir tudo que quisesse. Essa crença em que podemos ser tudo que queremos, embora seja de alguns modos estimulante, deu a meu crítico interno uma posição segura em todos os aspectos de minha vida com espaço para aperfeiçoamento. "Como eu era" sempre pareceu pior comparado com "Como eu *poderia* ser".

Mas, quando entrei na casa dos quarenta, algo começou a mudar. Passei a questionar a suposição do potencial ilimitado. Com o final definitivo de minha juventude, ocorreu-me que, embora teoricamente eu tivesse um potencial ilimitado de crescimento, na verdade alguns de meus traços pessoais, hábitos, medos e pontos emperrados poderiam nunca mudar. Comecei a ouvir com novos ouvidos as lições da psicologia e da espiritualidade sobre me aceitar e aceitar as coisas como são. Ponderei sobre as palavras de Pema Chödrön: "Nossa sabedoria se confunde com o que chamamos de nossa neurose. Nosso brilho e jeito agridoce de ser se misturam com nossa insensatez e confusão. Portanto, não faz bem algum descartar o que rotulamos de nossos aspectos negativos porque nesse processo descartamos também o que temos de sublime."[8] Eu pensei em Lucy em *I Love Lucy* — em como ela era cativante e imperfeita, e seu jeito de ser agridoce se misturava com sua insensatez e confusão. Para aceitar todo o meu conteúdo, tentei me ver como uma personagem de seriado cômico de tevê, cativante e imperfeita, como Lucy.

Esse modo de pensar era muito ameaçador para meu crítico interno. Mas, apesar dos protestos daquela velha voz familiar, a voz mais suave da auto-aceitação começou a se fazer ouvir e, pouco a pouco, nas palavras de Pema Chödrön, a "cobrir as pontas afiadas da autocrítica e da queixa". De uma perspectiva de mais aceitação, pude ver que talvez a chave para a felicidade fosse ter um *novo relacionamento* com meus problemas, em vez de tentar me corrigir, e deixar de me preocupar com eles.

O poder sutil da aceitação

Meu trabalho como terapeuta deixou bem claro que não sou a única a ter um crítico interno extremamente ativo. Não creio que seja generalizar demais dizer que nós, homens e mulheres, nos criticamos bem mais do que nos aceitamos. Nesta cultura, a idéia de *nem sempre* tentar descartar o que rotulamos de nossos aspectos negativos é um modo radical de pensar. Gravitamos muito mais na direção de "Corrija isso, faça-o ir embora" do que de "Aceite-o, deixe-o ficar".

Parte do processo de desaceleração e criação de equilíbrio e profundidade na vida envolve aprendermos a nos permitir ser o que somos e aceitar as coisas como são. Essa é a mesma atitude de amizade incondicional ou aceitação profunda de que falei no Capítulo 6. Podemos cultivá-la não só aceitando os sentimentos difíceis, como também aceitando todos os nossos pontos fortes e fracos, quem somos e o que fazemos.

Penso nesse tipo de aceitação como um estado alterado de consciência porque, quando a experimento, percebo o quanto é radicalmente diferente de meu estado mental costumeiro. Geralmente meu crítico interno faz comentários nos recônditos de minha mente. Ele tem um modo engenhoso de tentar me colocar contra a vida que só percebo em contraste com esse estado mental mais aberto. Quando consigo deixar de me preocupar, ainda que por pouco tempo, com o modo como desejo e espero que as coisas sejam e gostaria que pudessem ser e acabo aceitando-as como *realmente são*, vejo-me livre de comentários julgadores e esforços desnecessários. Às vezes, a voz de meu crítico interno é silenciada, e, em outras ocasiões, ainda é audível, mas não dominante. É como se a parte crítica de mim ficasse — ou *parecesse* — menor na amplitude criada quando me aceito compassivamente. A mestra de meditação Sharon Salzburg explica o efeito de dar espaço do que ela chama de "o grande campo transformador da aceitação" com a analogia da diferença entre pôr uma colher de chá de sal em um pequeno copo d'água e em um grande recipiente d'água, como um lago. A quantidade de sal é a mesma, mas o impacto é totalmente diferente devido ao tamanho do reservatório que o recebe.[9] A aceitação amorosa tem o efeito de aumentar o que podemos admitir em nós e receber na vida. Ouvimos os comentários salgados do crítico interno, mas de algum modo eles são facilmente dissolvidos no lago de benevolência criado pela auto-aceitação.

A idéia de aceitar profunda e incondicionalmente quem somos é, para a maioria de nós, ao mesmo tempo muito atraente e aparentemente impossível. A verdade é que não é fácil cultivar a auto-aceitação, mas é possível. Eu tenho sido muito ajudada nesse processo pelos ensinamentos budistas, que contêm métodos desenvolvidos muitos séculos atrás, adotados por milhões de pessoas para ajudar corações e mentes a tender à amizade incondicional, chamada no budismo de *metta* ou *maitri*. A Leitura Recomendada no final deste livro apresenta alguns bons recursos para aprender mais sobre tais métodos e idéias.

Aceitação e mudança

É difícil cultivar a auto-aceitação porque a parte nossa julgadora pode avaliar quase tudo e até mesmo nos julgar por não relaxarmos ou desacelerarmos o suficiente, ou não realizarmos as práticas deste livro o suficiente. Quando o crítico interno controla o processo do Rio Interior, o resultado é mais estresse em relação a como não se estressar, e pouca paz.

O maravilhoso paradoxo da aceitação foi apropriadamente descrito pelo psicólogo Carl Rogers: "Quando eu me aceito como sou, posso mudar."[10] Tendemos a presumir que, se aceitarmos algo em nós, o tornaremos mais arraigado e ele subsistirá para sempre. Por esse motivo, achamos que, se nos distanciarmos do que consideramos um padrão ou traço pessoal negativo, nós o faremos desaparecer. Como vimos ao trabalhar com sentimentos difíceis no Capítulo 6, essa estratégia não costuma ser eficaz. Descrevi a experiência de Jenna no sentido de tentar manter seu medo a distância durante anos. Ela começou a terapia porque essa estratégia não estava funcionando. Quando aceitou o medo — isto é, mudou seu relacionamento com ele em vez de tentar fazê-lo desaparecer —, ele se tornou muito mais controlável e deixou de determinar suas ações.

Há dois aspectos da aceitação como base para a mudança. O primeiro é que a aceitação nos permite ver com clareza, reconhecer e entender melhor aquilo com que estamos lidando. Por exemplo, no Capítulo 6, Alice tinha ficado irritada com a infidelidade do irmão. Quando parou de afastar sua raiva e se voltou para ela, entrou em contato com a tristeza sob a raiva e entendeu melhor em que consistia. Para Alice, o processo de se voltar para a raiva e aceitá-la a fez se dissipar. Nem sempre a aceitação funciona tão naturalmente, mas como de fato costuma levar a mudanças, é fácil começar a tentar aceitar algo como um estratagema para fazê-lo desaparecer! Esse estratagema geralmente não funciona porque a verdadeira aceitação envolve o outro ingrediente-chave da aceitação como base para a mudança: a qualidade da bondade ou compaixão. Isso significa criar aquele "reservatório maior" no coração e na mente capaz de mudar nossa perspectiva e nos fazer ter um relacionamento diferente com o que experimentamos, parar de lutar e deixá-lo existir.

Por exemplo, Clare é uma cliente que luta contra a insônia. Nós tentamos melhorar seus hábitos de sono e usar várias técnicas de relaxamento, sem muito sucesso. Recentemente ela teve uma experiência que lhe apresentou um novo modo de lidar com a insônia:

> Eu estava deitada sem dormir, tentando relaxar, não me preocupar, ficar confortável, menos agitada e não me mexer tanto. E me censurava por não conseguir relaxar. *Isso é relaxante?* Depois de algum tempo, eu me conscientizei de todo esse *esforço*. Vi-me como uma pessoa que tentava *muito* descansar um pouco e senti compaixão por mim mesma. Nesse estado mental mais tranqüilo, pensei: "Não faz mal se eu ficar acordada. Tudo bem. Eu estou bem." Isso foi surpreendente — eu *realmente* estava bem acordada! E, com o fim de toda aquela tensão, pouco depois adormeci.

A parte de nós que se esforça, tenta ou critica às vezes pode ser um estímulo à mudança, mas freqüentemente a mudança não dura porque resistimos ou lutamos contra nós mesmas nesse processo. Mais cedo ou mais tarde, nos rebelamos. Por exemplo, o crítico interno pode nos levar a fazer dieta, mas outras partes de nós acabam se cansando das restrições alimentares e dando início ao "efeito sanfona". A aceitação dos hábitos nocivos pode parecer o oposto do que deveríamos fazer. Pema Chödrön explica: "Tentarmos nos corrigir não é algo proveitoso. Envolve luta e autonegação... [Mas] não tentar mudar significa continuarmos irritados e dependentes até o dia de nossa morte? Essa é uma pergunta lógica. No final das contas, não dá certo tentarmos mudar, porque resistimos à nossa própria energia. O auto-aperfeiçoamento pode ter efeitos temporários, mas... somente quando nos relacionamos com nós mesmos sem reflexões morais, severidade e ilusão podemos abandonar padrões nocivos."[11]

Descobri que cultivar esse modo de me relacionar comigo mesma — com amizade incondicional — continua a ser um dos aspectos mais desafiadores e importantes de minha jornada interior. Parafraseio aqui o lembrete freqüente de Pema Chödrön sobre ter paciência durante esse processo; suas palavras me dão perspectiva enquanto eu percorro, ano após ano, versões um pouco diferentes desse mesmo caminho: "E por quanto tempo teremos de fazer isso? Quanto tempo demora?", pergunta ela. A resposta? "O resto de nossa vida."[12]

> *O botão*
> *representa todas as coisas,*
> *até mesmo aquelas que não produzem flores,*
> *porque tudo desabrocha de dentro, do autolouvor;*
> *embora às vezes seja preciso*
> *reensinar a uma coisa sua beleza,*
> *pôr a mão na fronte da flor*
> *e reafirmar com palavras e toques que é bela*
> *até a flor desabrochar novamente de dentro, do autolouvor;*
> *como São Francisco pôs a mão na fronte enrugada da porca*
> *e lhe falou com palavras e toques*
> *de suas bênçãos na Terra,*
> *e a porca começou a se lembrar em toda a sua grossa extensão,*
> *do focinho terreno o tempo todo na forragem e nos restos de comida*
> *à ondulação espiritual da cauda,*
> *das cerdas duras ao longo da espinha*
> *ao grande coração partido*
> *e ao sonhado leite azulado jorrando*
> *das quatorze tetas para as quatorze bocas*
> > *sugando e tremendo sob elas:*
> *da grande e perfeita beleza de uma porca.*
>
> — Galway Kinnell, *Saint Francis and the Sow*
> [*São Francisco e a porca*]

Crença bloqueadora:
"Eu tenho de ser de determinada maneira."
"Isso tem de ser feito de determinada maneira."

A crença mais comum que nos mantêm presas às nossas expectativas sobre *quem somos* é basicamente: "Eu tenho de ser de certo modo." A crença bloqueadora relativa *ao que fazemos* é basicamente: "Isso tem de ser feito de certo modo." Como moderar as expectativas envolve uma mudança de atitude mental, superar essas crenças bloqueadoras é esperar menos de nós mesmas. Por exemplo, se eu deixo de supor que tenho de escrever este parágrafo de certo modo, essa mudança mental me permite pensar em muitas outras opções. Às vezes, para moderar as expectativas, só precisamos de permissão para não ser ou fazer coisas de certo modo e de algumas sugestões para relaxar. Eu apresento aqui algumas maneiras de você identificar as expectativas no meio de seu dia, e, depois, uma lista de modos possíveis de mudar mentalmente para relaxar.

Alguns modos de identificar as expectativas

- *Procure pelo "deveria", pelo "juiz" ou "crítico" interno:* "Eu deveria ter retornado aquele telefonema ontem."
  Esse tipo de expectativa pode vir com ou sem um comentário autodestrutivo. Por exemplo: "Eu *sempre* levo algum tempo para retornar os telefonemas; sou muito desorganizada (egoísta, preguiçosa, _____ [preencha o espaço em branco])."
- *Procure por urgência:* "Eu *tenho* de retornar esse telefonema *agora* ou _____ (preencha o espaço em branco)."
- *Procure por rigidez:* "Eu retornarei o telefonema agora porque *sempre* retorno os telefonemas imediatamente, por isso *não* posso sair para almoçar com você impensadamente, embora isso pudesse ser divertido e relaxante" ou "Eu não posso _____ (preencha o espaço em branco)".
- *Procure por conflito com os outros:* Este item é muito parecido com o anterior sobre rigidez. Você pode estar tão presa à sua expectativa que não

consegue entender o ponto de vista de mais ninguém, nem transigir ou pensar em um meio-termo criativo, _____ (preencha o espaço em branco).
- *Procure por fortes justificativas de algo para alguém, inclusive você mesma:* Sua pia cheia de louça para sua vizinha, seu cochilo para seu marido, sua noite fora para seus filhos ou _____ (preencha o espaço em branco).
- *Preste atenção a seu corpo:* Passe a conhecer onde e como seu crítico interno costuma se manifestar em seu corpo (por exemplo, com rigidez no pescoço, nos ombros e nos maxilares, um aperto no estômago, respiração difícil e alergias).

Alguns modos de ser menos rígida nas expectativas

Ser menos rígida nas expectativas não significa abrir mão totalmente delas, mas deixar de lado a urgência, a inflexibilidade e a necessidade de que as coisas sejam "exatamente assim" *quando isso não é necessário*. Essa é uma chave para desacelerar e ter menos estresse na vida.

Como já vimos, o primeiro passo para ser menos rígida é *conscientizar-se* da expectativa. Quando você tomar consciência de sua rigidez, siga algumas destas sugestões para relaxar. Descubra o que dá certo para você usando o método de tentativas.

- *Tente o humor.* Exagere sua expectativa ao ponto de torná-la absurda. Faça uma caricatura de si mesma. Imagine como você pareceria ou o que diria em um desenho animado, um seriado cômico ou uma tira. Ou ouça o que seu crítico interno está dizendo para você. Depois ouça essas palavras na voz do Pato Donald.[13]
- *Tente a compaixão:* Veja a expectativa sobre si mesma da perspectiva de uma pessoa amiga, confiável e compassiva, um professor ou membro da família. O que ela lhe diz? Tente dizê-lo para si mesma. Ou tente ver sua expectativa como se fosse de outra pessoa — alguém com quem você se importa. O que você diria para essa pessoa? Tente dizê-lo para si mesma.

Ou tenha uma conversa compassiva com a parte de você que está sendo tão rígida. (Dica: pode ser uma parte infantil sua) Agradeça-lhe carinhosamente por *tentar tanto* ser mais isto, menos aquilo, e assim por diante.

- *Tente expandir o tempo:* Pergunte-se "Isso vai ser importante daqui a dez anos?"
- *Tente expandir o espaço:* Olhe, ainda que brevemente, para um céu estrelado, a vastidão de um oceano, um campo ou céu azul límpido. Veja se sua expectativa diminui.
- *Tente respirar:* Sinta onde e como você está mantendo essa expectativa em seu corpo. Imagine-se respirando dentro e ao redor dela. Deixe sua respiração criar espaço em torno da rigidez, ajudando-a a diminuir. Ou apenas respire profunda e lentamente três vezes.
- *Tente criar uma frase-lembrete que possa dizer para si mesma:* Por exemplo, "Não faça tempestade em copo d'água — e isso é um copo d'água".[14] Ou: "Que será será; aquilo que tiver de ser será."[15] Se você puder cantar a frase, melhor! Se preferir o fraseado budista, diga: "As coisas são como são" ou "É assim que é". Uma frase que funciona para mim quando as coisas não saem como o planejado e eu começo a me culpar é: "Não há nada de errado aqui."[16] Isso me ajuda a parar de tentar controlar a vida e a me lembrar de que ela é como é, e parece calar meu crítico interno.
- *Tente dizer para si mesma* "Não deixarei de ser uma boa pessoa se... não fizer o bolo de aniversário de meu filho em casa", "Se for para cama ler em vez de limpar a cozinha" ou "Se _____ (preencha o espaço em branco)". Peça a uma amiga que a lembre de que não deixará de ser uma boa pessoa nem mesmo se _____ (preencha o espaço em branco) quando você se esquecer ou duvidar disso.
- *Tente perguntar para si mesma: "Quem disse?"* Com um pouco de introspecção, você pode descobrir que a fonte de sua expectativa é outra pessoa (Sua mãe? Seu pai? A crença religiosa ou outro sistema de crença em que foi criada?) ou simplesmente as próprias vozes interiores. Mesmo que você não consiga identificar a fonte da expectativa, a pergunta lhe fornecerá uma pausa e a possibilidade de escolher como e se corresponderá a essa expectativa.

❧ Exercícios para ajudar você a não esperar tanto de si mesma

As sugestões aqui e na parte "Crença Bloqueadora" deste capítulo são apenas isto — sugestões, possibilidades. Minha intenção é ajudar você a se livrar das garras de seu lado crítico, perfeccionista ou julgador, não criar uma lista ainda maior de coisas que "deveria" fazer! Portanto, peça a seu lado perfeccionista ou crítico que se afaste enquanto você escolhe quando e se fará algum desses exercícios.

Exercício: Do "deveria" para o "poderia"

Este exercício simples pode ajudá-la a aliviar o fardo do excesso de expectativas.

1. Quando você se sentir oprimida pelas atividades que "deveria" fazer, reserve alguns minutos para relacioná-las, sem censura, em seu diário ou uma folha de papel. Por exemplo:

   Eu deveria dobrar a roupa.
   Eu deveria trabalhar naquele relatório hoje.
   Eu deveria ir à academia de ginástica.
   Eu deveria mudar meu corte de cabelo.
   Eu deveria ser menos crítica.
   Eu deveria beber menos refrigerante.
   Eu deveria ser mais paciente.

   Este não é um exercício difícil. Apenas anote tudo de que você se lembrar neste momento. Isso pode variar de uma lista de providências práticas a tomar a qualidades espirituais às quais aspira. Se você pensar em um "deveria" e depois pensar "Eu não deveria esperar isso de mim mesma", acrescente à lista: "Eu não deveria esperar (seja o que for) de mim mesma." O objetivo é tirar o "deveria" da cabeça e pôr no papel.

Isso torna objetiva (e às vezes ridícula) a quantidade de pressão que exercemos em nós mesmas. Se você tiver tempo, dê o próximo passo; caso contrário deixe-o para outra ocasião.

2. Escolha um "deveria" que relacionou no primeiro passo, preferivelmente um em que você seja mais rígida. Leia a frase para si mesma, começando com "Eu deveria". Observe como seu corpo reage. Se for necessário, repita a frase para si mesma, prestando atenção à sua reação física. Por exemplo, você nota alguma mudança em sua respiração ou sensações em suas entranhas? Seu pescoço ou seus ombros? Suas pernas ou seus braços?

Ao observar sua reação física, respire profundamente e relaxe o corpo. Agora repita a mesma frase, mas dessa vez mude a palavra *deveria* para *poderia*. Por exemplo, em vez de dizer "Eu *deveria* dobrar a roupa", diga "Eu *poderia* dobrar a roupa". Mais uma vez, observe como seu corpo reage a essa frase. Se for necessário, repita a frase algumas vezes, concentrando-se em sua reação física. Se quiser, tome nota de sua experiência.

Passar do "Eu deveria" para o "Eu poderia" é um modo simples e direto de trocar a pressão pela escolha. Quando você se conscientiza de como a pressão das expectativas está presente em seu corpo, pode usar essa consciência para identificar o "deveria" no meio da atividade e passar da postura de pressão crítica para o "poderia" e a postura mais aceitadora da escolha.

Exercício: Olhar wabi-sabi

Wabi-sabi é um conceito japonês que celebra a beleza das coisas simples, humildes, imperfeitas, incompletas ou impermanentes. É uma ótica da cultura japonesa que nossa sociedade poderia aprender. Robyn Griggs Lawrence, editor da revista *Natural Home*, descreve a essência de wabi-sabi com a história a seguir: "Segundo a lenda japonesa, um jovem chamado Sen no Rikyu queria aprender os complicados rituais da Cerimônia do

Chá. Ele foi procurar o mestre Takeeno Joo, que testou o rapaz pedindo-lhe para cuidar do jardim. Rikyu o limpou e varreu até que ficasse perfeito e depois examinou o jardim imaculado. Antes de apresentar seu trabalho ao mestre, balançou o tronco de uma cerejeira, fazendo com que algumas flores se espalhassem pelo chão."[17]

As flores no chão foram a imperfeição que, aos olhos de Rikyu, aumentou a beleza do jardim. Se você notou que tem um traço perfeccionista, experimente um pouco de wabi-sabi! E se *aspirasse* à imperfeição? Consegue ver a beleza de alguns pratos sujos na pia? Seu filho com os cabelos despenteados? Lawrence diz: "Wabi-sabi nos lembra de que estamos todos de passagem neste planeta — nosso corpo, assim como o mundo material ao redor, está no processo de voltar ao pó. Os ciclos de crescimento, declínio e erosão são personificados em bordas desgastadas, ferrugem e manchas senis. Por intermédio de wabi-sabi, aprendemos a aceitar tanto a glória quanto a melancolia encontradas nessas marcas da passagem do tempo."[18]

Wabi-sabi é um modo diferente de ver, um bom antídoto para ver com os olhos da perfeição. Da próxima vez em que você de repente quiser se levantar, pentear os cabelos, lavar louça ou endireitar aquelas pilhas, pare por um momento e veja se consegue apreciar o que quer que seja apenas como é. Apenas por um momento, tente ter um olhar wabi-sabi.

Sobre como descobrir a voz da aceitação

Pensei em incluir um exercício sobre como descobrir a voz interior da amizade incondicional por si mesma. Em minha opinião, essa é uma atitude muito importante a cultivar, não só para moderar as expectativas, mas também como uma base para a vida cotidiana, os relacionamentos e o crescimento. Todas as sugestões nas partes de "Crença Bloqueadora" e "Exercícios" deste capítulo podem ajudar a despertar essa voz de compaixão. Mas, na verdade, não há um exercício que eu possa pôr aqui que, em um estalar de dedos, transforme a autocrítica em aceitação profunda e constante. Em vez disso, sugiro que você observe quando isso acontece por uma bênção, como quando, sem nenhum motivo particular, você reage a um erro que cometeu com bondade, e não com crítica. Nesse meio-tempo, tente muitas coisas, use o que funcionar, tenha em mente que cada pequeno passo é uma vitória e lembre-se de que a jornada para a aceitação é um caminho que vale a pena percorrer pelo resto de sua vida.

*O botão
representa tudo,
até mesmo o que não produz flores,
porque tudo desabrocha de dentro, do autolouvor;
embora às vezes seja preciso
reensinar-lhe sua beleza,
pôr a mão na testa
da flor
e reafirmar com palavras e toque
que é bela
até a flor desabrochar novamente de dentro, do autolouvor...*

Capítulo 8

Pratique a presença

> "Sabemos sacrificar dez anos em troca de um diploma e
> nos dispomos a trabalhar duramente para obter um emprego,
> um carro, uma casa e assim por diante. Porém, temos
> dificuldade para nos lembrarmos de que estamos vivos no momento
> presente, o único momento que existe para estarmos vivos."
> — Thich Nhat Hanh, *Paz a cada passo*.

Experimentar o poder da presença é algo semelhante a olhar para aquelas imagens holográficas muito populares alguns anos atrás em calendários e pôsteres. Parecem bidimensionais, mas, quando você olha para elas de um modo um pouco diferente, surge magicamente outra imagem tridimensional. A outra imagem estava ali o tempo todo, mas você só conseguia vê-la se olhasse de um modo particular, embora estivesse bem diante de seus olhos.

Nós sempre vivemos no momento presente, que é, como diz Thich Nhat Hanh, "o único momento que existe para estarmos vivos". Mas, quando despertamos para esse fato e realmente *experimentamos* estar presentes, vemos uma imagem diferente e mais completa do que realmente significa estar vivo. Para entender o que quero dizer por *presença*, veja os exemplos a seguir, que talvez a façam lembrar de experiências suas.

• *De uma participante de um grupo do Rio Interior*: "Eu estava no carro, com as crianças no banco de trás, e corria para fazer alguma coisa. Então percebi que estava correndo e podia desacelerar. Chegamos a um sinal de trânsito e parei o carro, mas *eu* também parei e fiquei apenas ali, em um momento comum, mas totalmente *ali*. E disse para mim mesma: 'Este momento é bom. É rico.'"

- *Do mestre de meditação Jon Kabat-Zinn, em seu livro* Wherever You Go, There You Are: "Quando entro no estacionamento do hospital, centenas de gansos voam acima de minha cabeça. Seguem para o noroeste, e há tantos deles que a formação deixa um rastro a leste, onde o sol do início de novembro abraça o horizonte... Centenas formam um V, mas muitos estão em disposições mais complexas. Suas fileiras sobem e descem com graça e harmonia, como um tecido ondulando ao vento...

"Eu me sinto estranhamente abençoado pela passagem dos gansos. Este momento é uma dádiva... Minha experiência comum de o tempo fluir é interrompida quando testemunho a passagem deles... Para mim, é simplesmente a dádiva da admiração e do assombro."[1]

- *De outra participante de um grupo do Rio Interior:* "As coisas estavam me pressionando e eu ainda arranjava tempo para fazer brincos. Podia passar horas manuseando contas e combinando cores. Eu me *encontrava* nessa atividade. Tendemos a dizer que nos *perdemos* em uma atividade, mas eu realmente me encontrava."

- *Da mestra em meditação Jane Dobisz, perto do fim de um retiro solitário de cem dias descrito em seu livro* The Wisdom of Solitude: "Um dos principais objetivos de eu vir aqui foi pôr a mente e o corpo no mesmo lugar ao mesmo tempo. Depois de mais de três meses dessa aventura, isso está acontecendo com mais freqüência — certamente mais do que quando eu cheguei. Mantendo meu foco cada vez menor, tudo se torna cada vez maior. Só de lavar a louça do café-da-manhã fico feliz. Há um grande espaço ao redor das coisas em que tudo é possível. Uma sensação de êxtase permeia até mesmo as mínimas atividades do dia."[2]

Todos esses relatos descrevem experiências de presença — isto é, de prestar atenção ao momento presente. Como diz Dobisz, presença é "mente e corpo no mesmo lugar ao mesmo tempo". Ou você poderia dizer que é realmente fazer o que está fazendo. Isso não parece simples? Se você já passou algum tempo observando a atividade de sua mente, seu tagarelar incessante, sua capacidade inata de se distrair e suas viagens freqüentes ao passado e ao futuro, sabe que estar presente não é tão fácil quanto parece. De fato, Kabat-Zinn diz: "Estar presente... pode ser a tarefa mais difícil do mundo. E se esqueça do 'talvez'. É a tarefa mais difícil do mundo — pelo menos manter a presença é."³

Então o que praticar a presença tem a ver com o processo do Rio Interior? Essa prática é diferente das outras práticas discutidas até agora. Os quatro capítulos anteriores descrevem ferramentas que são meios de acesso ao Rio Interior ou portais para essa esfera. A presença é tanto um *portal* para o Rio Interior como um *modo de experimentá-lo*. Pode ser descrita como uma parte da jornada e uma parte do destino.

Para desacelerar e viver com mais equilíbrio, profundidade e satisfação, temos de tratar das dimensões exterior e interior de como vivemos. A presença trata da ocupação *interna*, do tagarelar mental constante que pode preencher até mesmo os momentos mais longos que nosso calendário tem a oferecer. Esse hábito de ocupação mental nos impede de estar onde podemos viver total e intensamente: o momento presente. É no aqui e agora que a vida realmente acontece, nos engajamos no que realmente importa, nos abrimos a nós mesmas e aos outros e sentimos alegria. Tudo isso também é marca registrada da vida com acesso às águas do Rio Interior.

Quando somos alcançadas pela ocupação mental e *não* estamos presentes, permanecemos na superfície da vida. Nesse estado, certamente fazemos coisas, mas tendemos a sentir mais agitação do que contentamento ou prazer. A prática da presença nos oferece a oportunidade de aprofundarmos nossa experiência de vida e de a aproveitarmos em sua plenitude, momento a momento.

A experiência de antes e depois de Meg de pintar seu deque é um bom exemplo da diferença entre realizar uma atividade em um estado de agitada distração e com presença. Meg chegou em um dos grupos do Rio Interior após deixar um emprego muito dinâmico e estressante em um momento em que estava temporariamente desempregada. Acostumara-se a correr na superfície da vida, e praticar a presença não se encaixava muito em seu esquema. Como estava passando mais tempo em casa, notou que o deque precisava ser pintado e também que tinha *muitas* tábuas. Ela pensou: "O quanto isso pode ser difícil?" E comprou o material necessário para fazer o trabalho.

Meg começou, mas achou o trabalho mais difícil do que havia imaginado. "Não era difícil porque me faltava habilidade para pintar", contou. "O difícil era desacelerar — fisicamente, mas acima de tudo mentalmente — para *agüentar* o ritmo daquilo. Era uma tortura! Todo o processo foi uma luta. Eu queria que já tivesse terminado! Queria estar em qualquer lugar menos onde estava."

Durante o período de desemprego, Meg se esforçou muito para aprender a desacelerar e estar totalmente presente ao realizar tarefas domésticas comuns, assim como em experiências mais importantes. Recentemente ela comentou: "Está na hora de pintar o deque de novo. Já se passaram sete anos e agora eu olho para ele e digo: 'Não tem problema, quando posso começar?' Sei que agora consigo fazer isso sem desejar o tempo todo estar em outro lugar. Houve mudanças internas suficientes para que desta vez seja um prazer."

Praticando a presença, estamos tratando menos *do que* fazemos do que de *como* o fazemos. Isso tem a ver com a qualidade de nossa energia à medida que vivemos nossos dias — não apenas os dias especiais e extraordinários, mas também os comuns. Um dos ensinamentos centrais do mestre zen vietnamita Thich Nhat Hanh é sobre essa presença atenta na vida cotidiana:

> Há dois modos de lavar a louça. O primeiro é lavá-la para ter louça limpa e o segundo é lavá-la para lavar... Se, ao lavarmos a louça, pensarmos apenas na xícara de chá que nos espera e nos apressarmos a tirar a louça do caminho como se fosse um aborrecimento, não "a lavaremos para lavar". Além disso, não estaremos vivos durante o tempo em que a lavarmos. Na verdade, seremos totalmente incapazes de reconhecer o milagre da vida enquanto estivermos à beira da pia. Se não formos capazes de lavar a louça, provavelmente também não o seremos de saborear nosso chá. Ao tomá-lo, pensaremos em outras coisas, mal tendo consciência da xícara em nossas mãos. Dessa forma, seremos sugados para fora do presente — e incapazes de viver plenamente um minuto sequer."[4]

A tirania da lista

É humilhante perceber como é fácil nossa mente se perder em histórias sobre o que aconteceu no passado ou o que esperamos ou tememos que aconteça no futuro enquanto agimos de modo mecânico. É como se estivéssemos no piloto automático, sem ver realmente o rosto de nossos filhos, sem saborear nossa comida, sem sentir a água em nossas mãos quando lavamos a louça, sem notar muitas coisas na vida enquanto a 'vivemos'. Acrescente a isso um toque de velocidade do ritmo de nossa cultura e a onipresente lista de coisas a fazer e teremos o que eu chamo de "consciência da lista". Esse é um estado mental totalmente voltado para o futuro. Com uma característica sutil, porém constante, de pressa, parte da premissa de que a vida acontecerá quando fizermos tudo da lista. (A propósito, isso é uma ilusão. Mesmo quando morrermos, é improvável que tenhamos feito tudo da lista!) Quando tenho consciência da lista, é como se estivesse na frente ou à frente de mim mesma. Estou voltada para o futuro e, nesse processo, me afastando totalmente do presente.

Praticar a presença envolve treinar livrar-se desse estado mental. Acaba com a fantasia de que, de algum modo, a vida começará quando a temporada de futebol das crianças terminar, quando eu perder cinco quilos, curar meu resfriado ou até mesmo fizer aquele curso de meditação e aprender a estar mais presente! Praticar a presença é reconhecer que a vida está acontecendo *agora* — e nos convidando a despertar e observar.

O lado negativo da multitarefa

Outro estado mental que dificulta a presença é o que chamamos de "multitarefa". Multitarefa não é tecnicamente fazer várias coisas ao mesmo tempo, mas dividir a atenção entre duas ou mais coisas sem perder de vista o andamento de todas elas. Não é apenas um modo de realizar tarefas, mas também um estado mental, porque, para fazer várias coisas ao mesmo tempo, precisamos dividir nossa atenção, o que realmente afeta nosso cérebro. Estudos mostram que, além de reduzir a eficiência e a eficácia, o modelo multitarefa pode causar problemas de memória em curto prazo, mudanças na capacidade de concentração e falhas na atenção. Também pode produzir uma reação de estresse — isto é, uma descarga de adrenalina — que, quando prolongada, pode prejudicar as células que formam nova memória. Com base nesse estudo de multitarefa, Marcel Just, da Carnegie Mellon University, conclui: "Isso não significa que você não pode fazer várias coisas ao mesmo tempo. Mas nos enganamos se achamos que não teremos de pagar um preço."[5] Estudos mostram o preço em termos de redução na eficiência e de dificuldade de concentração, entre outras coisas. Ainda mais importante talvez seja que o excesso de tarefas nos nega o tipo de experiência a que o escritor Henry Miller se refere quando diz: "Quando alguém presta muita atenção a algo, até mesmo a uma folha na grama, isso se torna em si mesmo um mundo misterioso, impressionante e indescritivelmente maravilhoso."[6] Em outras palavras, a multitarefa pode acabar com sua capacidade de entrar no reino do Rio Interior pelo portal em que se presta muita atenção ao momento presente.

Portanto, praticar a presença também é um treinamento para nos livrarmos da multitarefa. Essa prática incentiva um modo de fazer as coisas que está se tornando cada vez mais raro nesta cultura saturada de informações e obcecada por velocidade: uma coisa de cada vez, sem pressa. Às vezes a capacidade de fazer várias coisas ao mesmo tempo pode ser muito útil. O problema é quando não conseguimos *nos afastar* do modelo multitarefa durante todo o dia, quando ele se torna um hábito em vez de uma escolha, e não conseguimos prontamente escolher nos concentrar em uma visão, um som, uma sensação, uma pessoa, uma tarefa ou uma atividade quando queremos ou precisamos fazer isso.

Eis um pequeno exercício para praticar a presença: da próxima vez em que você estiver comendo, em vez de dar uma 'mordida rápida' enquanto lê a correspondência, ouve as notícias ou se apronta para sair pela porta em sua próxima missão, experimente se sentar para comer, saborear o alimento que está mastigando e notar as sensações em sua boca enquanto respira. Eu chamo esse exercício simples de "nova multitarefa". Você pode ficar surpresa ao descobrir que isso é mais do que suficiente para fazer ao mesmo tempo! (Aprenderá mais sobre estar presente na hora de comer no primeiro exercício ao final deste capítulo.)

Presença e Rio Interior

A interligação entre praticar a presença e entrar em contato com o Rio Interior surge destas três características relacionadas:

- Passagem da ocupação superficial para a desaceleração.
- Passagem da consciência atada ao tempo para a eternidade.
- Passagem do modo de ver habitual para um modo de ver com "novos olhos".

Presença e desaceleração

Praticar a presença não exige necessariamente mais tempo, e sim mais *consciência* do que normalmente temos de um determinado momento. Contudo, quando estamos realmente presentes, tendemos a desacelerar. Esse é um dos motivos pelos quais a presença age como um portal para a esfera do Rio Interior. Como vimos no Capítulo 2, desacelerar é uma chave que dá acesso a essa esfera. Por isso, quase tudo que me desacelera pode me ajudar a entrar na dimensão do Rio Interior. No contexto da prática da presença, o que quero dizer por "desacelerar" é *não ter pressa*. Você pode estar totalmente presente ao jogar um rápido e intenso jogo de pingue-pongue. (Na verdade, se *não* estiver, tenderá muito mais a errar uma jogada!) Presença e movimento rápido podem andar juntos. Mas é muito difícil estar presente com pressa. Portanto, a prática da presença reduz a tendência a se apressar quando isso não é necessário. E, quando não nos apressamos, é mais fácil as correntes profundas fluírem para nossa vida.

Para Rebecca, membro de um grupo do Rio Interior, a marcha atlética é uma atividade que a convida a "estar aqui e agora". Sua experiência de marcha atlética é um bom exemplo de estar presente ao se mover rapidamente, abrindo-se à esfera do Rio Interior nesse processo. Ela explica:

> Quando pratico a marcha atlética, todos os meus pensamentos parecem se aquietar. Descubro que algo se desobstrui, permitindo-me estar realmente pre-

sente em meu próprio corpo. Não tenho pensamentos irrelevantes e o tempo não existe. Eu existo. Posso ouvir meu coração batendo e meus pés tocando o calçamento. Um ritmo se desenvolve; minha respiração começa a entrar em sintonia com meu coração e com o som de meus pés. Minha consciência se expande, mas não de um modo desordenado. É como um canal que se abre, e tenho uma sensação de liberdade e fluxo... Não há realmente uma linha divisória entre onde eu termino e a atividade começa. É quase como entrar em um estado alterado. Hesito em usar esse termo porque sugere algo alheio e distante, quando na verdade é um estado de mais presença. Mas, como não é a norma, parece alterado. De fato, é um estado em que sou mais *eu*.

O presente eterno

Quando Rebecca pratica a presença pela corrida, diz que "o tempo não existe". No Capítulo 2, descrevo a noção alterada do tempo que muitas mulheres têm durante experiências do Rio Interior. O tempo é descrito como desacelerando, se expandindo, parando, infinito e assim por diante. Essa noção tem a ver com passar da consciência da lista atada ao tempo, ou multitarefa, para o aqui e agora. Com isso, mergulhamos no presente eterno em que uma sensação de fluxo, vitalidade e amplitude — e outras qualidades do Rio Interior — pode surgir naturalmente. O monge budista Amaro Bhikkhu diz: "Às vezes pensamos no aqui e agora como um minuto, uma pequena linha insignificante entre um vasto passado e um vasto futuro; contudo, quanto mais observamos a mente, mais percebemos que o aqui e agora é que é vasto e o passado e o futuro são como miragens vagas. O agora é vasto e imensurável, infinito... Nessa presença eterna, há a qualidade do prazer, a alegria natural da mente livre."[7]

Para muitas mulheres em meus grupos, essa sensação de eternidade no aqui e agora é um aspecto-chave do contato com o Rio Interior. As atividades que elas descrevem variam muito, de pintar e cuidar do jardim a escrever, falar com uma amiga, nadar, e assim por diante. As características comuns, independentemente da atividade em que estão engajadas, são atenção focada no momento e ausência das restrições do tempo. Para Carrie, isso acontece quando ela desenha:

> Quando desenho em meu caderno, o tempo pára. Minha atenção só se concentra no item que estou desenhando — sua forma, o modo como a luz incide nas bordas e depois desaparece atrás. Eu acaricio o papel com meu lápis, seguindo o melhor que posso a curva da tigela, da praia distante ou da copa da árvore. Realmente não importa o que eu estou desenhando, é o ato de desenhar que acalma minha mente. O tempo pára quando me concentro na sombra, no padrão e na cor. Esses desenhos não são necessariamente para os outros verem, mas um modo de eu mergulhar no Rio Interior e sair revigorada.

Ver com novos olhos

Você já viu (ou foi) uma mãe dizendo para uma criança pequena se apressar enquanto ela examina uma folha, uma pedra, um percevejo, uma concha ou outra maravilha simples do mundo? Essa cena familiar é um bom exemplo da diferença entre viver com consciência da lista e viver no aqui e agora. Quando somos capazes de viver no momento presente, não só nos livramos das garras do tempo, como também podemos ver de um modo novo, com uma admiração infantil, não importa qual seja nossa idade. Com esse modo de ver, até mesmo as coisas comuns podem parecer, como diz Henry Miller, "indescritivelmente maravilhosas". A capacidade de ver desse modo é importante porque gera apreço e gratidão pelas pequenas coisas, pelo que está bem diante de nós, pela vida como é. Sem a capacidade de estar no momento presente, uma espécie de inquieto desejo nos mantém ocupadas em busca da próxima coisa que poderia estimular nossos sentidos e satisfazer o desejo vago de algo *mais* além do que está bem aqui, agora. Precisamos nos lembrar do que disse o escritor francês Marcel Proust: "A verdadeira viagem da descoberta não consiste em procurar novas paisagens, mas em ter novos olhos."[8]

Certa vez, no final de uma sessão de um grupo de meditação, abri os olhos e bem na minha frente estava um par de sapatos marrons que pertenciam a alguém do grupo. Aquilo não era realmente nada de especial, apenas um par de sapatos marrons um pouco gastos. Naquele momento, minha mente se aquietou e eu apenas olhei para os sapatos. Eu os achei bonitos, não porque fossem elegantes ou particularmente bem-feitos. Sua beleza tinha a ver com o que o budismo chamaria de "talidade" — minha sensação de que os sapatos eram exatamente tal qual eram, perfeitamente eles mesmos, se você preferir. Essa experiência é difícil de explicar. Estou descrevendo um tipo de visão direta no momento, sem ter como certo o momento ou a visão, nem sobrepor com as preocupações e os pensamentos que freqüentemente a ofuscam. Se alguém tivesse me perguntado naquela noite qual havia sido meu ponto de especial interesse no dia, eu teria definitivamente respondido: "Eu vi um par de sapatos de cor marrom." À primeira vista, isso não faria sentido, mas seria verdade.

A beleza está em *como* nós vemos, não *no que* vemos. A capacidade de viver profunda e alegremente se baseia em *como* experimentamos as coisas, não *nas* coisas que experimentamos. Jane Dobisz afirma: "A alegria vem da apreciação. A apreciação vem de prestar atenção."[9] A prática da presença nos ajuda a prestar atenção em nós mesmos, nos outros e na vida tal qual é, e nos traz alegria.

A moderação das expectativas e a prática da presença

Cada uma das práticas nos últimos quatro capítulos sustenta e é sustentada pela prática da presença. Implícito na moderação das expectativas está o fato de que, quando nossas expectativas são muito altas, podem nos afastar do momento presente. Em vez de apreciarmos onde estamos, vivemos em um futuro imaginado que consiste em como queremos ser, não como realmente somos. Certa vez eu vi um quadro de avisos em uma igreja com os seguintes dizeres: "Sonhar com a pessoa que você quer se tornar é desperdiçar a pessoa que você é." Se moderarmos nossas expectativas sobre a vida com a qual sonhamos, tenderemos a não desperdiçar a preciosidade do momento presente. Carol, que falou sobre expectativas sobre si mesma no capítulo anterior, explica essa relação:

Estou me tornando mais consciente de como me apressar a corresponder às minhas expectativas. Minha imagem do que eu deveria fazer em um determinado momento na verdade turva minha visão e me impede de perceber o que realmente está acontecendo. Minhas expectativas me impedem de estar presente no momento. Se eu me concentrar demais em meu trabalho, correrei o risco real de não ver minha própria vida passar. Quantas vezes eu disse para meus filhos: "Agora não, tenho de trabalhar"? Muitas. E eu trabalho em grande parte em benefício deles. Isso é muito estranho, porque parte do que considero o trabalho de minha vida é cuidar de meus filhos, estar com eles. Estou tentando moderar minhas expectativas e estar presente o máximo que puder. É mais fácil falar do que fazer, mas esse é um objetivo que vale a pena!

Moderar suas expectativas sobre si mesma torna mais fácil estar presente. Por sua vez, estar presente reduz a preocupação com as expectativas. Isso ocorre porque, na verdade, não podemos estar totalmente no momento presente e ao mesmo tempo ter uma expectativa em relação ao futuro. Se estou saboreando um maravilhoso creme *brûlée*, quando penso "Deveria aprender a fazer isto" ou "Isto vai direto para os meus quadris", saio do presente. Mas se, digamos, esta é a primeira vez em que saboreio creme *brûlée* e a primeira refeição de minha primeira viagem à França, em um restaurante fabuloso de Paris, a excitação e a novidade da situação podem me trazer tão totalmente para o presente que não penso em preparar esse creme em casa nem nos resultados futuros das muitas calorias ingeridas. A riqueza do aqui e agora exclui as expectativas em relação ao futuro.

A aceitação dos sentimentos e a prática da presença

Estar presente nos permite aceitar sinceramente a vida. Se não conseguirmos fazer isso, não viveremos de verdade. É fácil sentir o desejo de viver plenamente os momentos bons. Mas o que acontece quando nossa experiência no momento é de pesar, raiva, medo, solidão, tédio ou vergonha? Tendemos a apreciar os bons momentos e a tentar sair prontamente do presente quando temos emoções dolorosas ou difíceis. Mas não podemos filtrar o que achamos desagradável e ainda estar no presente e realmente abertos à vida. Portanto, é importante aprender a conviver com os sentimentos perturbadores porque isso nos ajuda a cultivar a presença.

O oposto também é verdadeiro: quando estamos no aqui e agora, é mais fácil conviver com os sentimentos difíceis. A princípio, isso pode não ser óbvio. Mas, se você examinar cuidadosamente sua experiência, notará que, com freqüência, o desejo de fugir de um sentimento difícil não vem da emoção em si, mas do *pensamento* de que ela continuará indefinidamente ou doerá demais, ou de algum outro pensamento voltado para o futuro sobre o sentimento. (Freqüentemente isso também é verdadeiro em relação à dor física.) Como vimos no Capítulo 6, os pensamentos *sobre* os sentimentos não são o mesmo que a experiência direta dos sentimentos em si (que, necessariamente, ocorre no momento presente). É da natureza dos sentimentos passar e mudar quando nós lhes permitimos fazer isso. Permanecendo com nossa experiência direta de um sentimento momento a momento, podemos notar como e quando ele muda, e freqüentemente não precisamos tentar fugir dele. A mestra de meditação Michele McDonald diz: "Quando temos dificuldades na vida, o único refúgio é nos conectarmos com o momento presente. Lutamos como um peixe fora d'água e finalmente aprendemos que nosso refúgio *é* estarmos no momento presente e *passarmos* pela experiência o melhor que pudermos."[10]

O estabelecimento de limites e a prática da presença

A capacidade de estabelecer limites também nos ajuda a estar no momento presente. Dizer "sim" quando quero dizer "sim", torna mais fácil eu estar presente no que quer que esteja fazendo, porque *escolhi* estar onde estou. Por outro lado, se digo "sim" quando quero dizer "não", tendo a não me engajar ou não estar totalmente presente, porque não estou onde devo ou quero estar. Recentemente, uma amiga minha quis me ver ao voltar de uma viagem. Eu queria vê-la, mas não era um bom momento para mim. Eu disse "sim" e imediatamente me senti dividida. Sabia por experiência própria que, se ela viesse, eu só ficaria cinqüenta por cento presente, porque tinha dito "sim" quando queria dizer "não". Então eu lhe telefonei e marquei um encontro quando poderia estar cem por cento presente.

O Capítulo 5 trata de estabelecer limites no mundo exterior — isto é, dizer "não" a pessoas, coisas e atividades para ficarmos menos fragmentadas e mais em contato com o que é importante em nossa vida cotidiana. Mas praticar a presença envolve estabelecer limites *interiores*, assim como dizer "não" ao que a poetisa Mary Oliver chama de "o interruptor íntimo" Ela escreve sobre a necessidade de solitude no trabalho e como o telefone ou uma visita podem interromper o fluxo criativo. Então explica um tipo diferente de interrupção:

> Mas com igual freqüência... a interrupção não vem do outro, mas do próprio eu ou de algum outro eu dentro do eu que assobia ou bate nas almofadas da porta e se atira ruidosamente no lago da meditação. E o que ele tem a dizer? Que você deve telefonar para o dentista, que a mostarda acabou e que o aniversário de seu tio Stanley é daqui a duas semanas. Você reage, é claro. Então volta ao trabalho só para descobrir que sua idéia fugiu.
>
> É a pista dessa força interna — do interruptor íntimo — que eu quero seguir. O mundo distribui... seus muitos cumprimentos, como um mundo deveria... Mas a capacidade de o eu interromper o eu — como interrompe — é uma coisa muito mais complexa e curiosa.[11]

Essa "coisa muito mais complexa e curiosa" é simplesmente o que nossa mente faz. Para estar presentes, precisamos ter capacidade de nos concentrar. Concentração é uma espécie de limite interior — dizer "sim" ao objeto de nossa concentração e "não" a todo o resto. (Felizmente a concentração pode ser cultivada com muitos métodos testados pelo tempo; a Leitura Recomendada relaciona alguns dos muitos recursos relativos a esse tema.)[12]

Estabelecer limites interiores e exteriores nos ajuda a estar mais totalmente no presente, o que, por sua vez, aumenta nossa capacidade de estabelecer limites. Isso ocorre porque precisamos dizer "não" ao passado e ao futuro para estar no presente. Marsha, membro de um grupo do Rio Interior, descreve esse processo:

Há momentos em que meu filho quer que eu leia para ele e eu *realmente* tenho tempo, mas também há muitas atividades em minha lista. A princípio, acho que o pedido dele tira meu ímpeto de trabalhar. Mas também sei que passar algum tempo lendo para ele é mais importante do que fazer a próxima coisa. Então concordo em ler, mas sem paciência, tentando acabar logo, sem estar totalmente presente. O resto de mim está planejando, pensando adiante, programando o resto da tarde. Às vezes consigo sair dessa posição dividida. Faço a *escolha* de deixar a lista de lado e me concentro em meu filho. Olho para ele, vejo seu rosto e fico totalmente ali, lendo. Acho que meu filho percebe a diferença. *Eu* percebo.

A escolha que Marsha descreve é um ato de estabelecer limites, dizer "não" ao futuro e "sim" ao agora, que lhe permite estar presente com seu filho.

A introspecção e a prática da presença

A primeira prática, a introspecção, também aumenta a capacidade de estar presente. Não exige uma prática de meditação ou concentração que cultive explicitamente a presença. Nós nos convidamos a estar no momento presente simplesmente tendo diariamente um momento sem multitarefa e reduzindo deliberadamente as distrações. Por exemplo, Leslie tricota durante sua introspecção: "Eu escolho fios bonitos e padrões simples para tricotar sem esforço. A repetição dos pontos, o contato com o fio e a riqueza da cor acalmam minha mente." Como diz Leslie, estar totalmente presente com as sensações de tricotar é seu modo de "mergulhar no Rio Interior à noite, quando as crianças estão na cama e as luzes são apagadas, apesar de todo o trabalho ainda por fazer."

Estar presente também sustenta a prática da introversão. Se prestarmos atenção ao que está acontecendo conosco e em nossa vida, tenderemos mais a saber quando precisamos de um tempo a sós. Saberemos quando ficamos demais na superfície e precisamos mergulhar na esfera do Rio Interior. Se sempre nos distrairmos, poderemos não ver ou ouvir os sinais que nos são enviados de dentro.

Praticar a presença

Então como praticar a presença? O primeiro passo é entender o valor de prestar atenção. Eu espero que, a esta altura, esteja claro que essa prática não ajuda só quando, inadvertidamente, portas são abertas ou café é derramado. Prestar atenção ao momento presente nos convida a uma qualidade de vida mais profunda e rica, a qualidade de vida que buscamos no Rio Interior. Henry David Thoreau disse: "Só amanhece o dia para o qual estamos despertos."[13] Esse conhecimento, obtido em seu retiro solitário em Walden Pond, revela que a prática da presença não tem a ver apenas com uma *qualidade* de vida melhor, mas está no coração do ser realmente vivo.

Tendo entendido o valor de praticar a presença, o próximo passo é fazer justamente o que isso sugere: praticar. Como não há um momento melhor para praticar do que *agora*, depois que você ler as próximas palavras tire sua atenção da leitura e observe que está respirando. Sinta seu corpo sentado, em contato com onde quer que esteja sentada e note as sensações da respiração. Deixe essas sensações — em suas narinas, seu peito e seu abdômen — ocuparem o primeiro plano em sua consciência. Note quaisquer outras sensações físicas de que esteja consciente ao respirar. Agora expanda suavemente a consciência até incluir todo o seu corpo, sentado, respirando, aqui e agora.

Trazer a atenção para o momento presente organiza a mente. A consciência da respiração é um modo imediato — e sempre disponível — de experimentar esse efeito organizador. Um modo muito simples de estimular a presença é parar intencionalmente no início, fim ou meio de uma atividade — e prestar atenção à respiração. Apenas alguns momentos de cuidadosa atenção à respiração podem acabar com o tagarelar mental e ser surpreendentemente revigorante. Como a maioria de nós tende a devanear, prestar atenção ao que estamos recebendo através de um ou mais de nossos sentidos — audição, visão, olfato, paladar, tato — é um ótimo portal para o aqui e agora. Na parte dos exercícios, você descobrirá novos modos de praticar a presença.

Crença bloqueadora: "A grama é mais verde em qualquer outro lugar e momento do que aqui e agora."

É fácil entender o desejo de se perder na fantasia sobre o passado ou futuro em meio a uma situação de vida difícil ou um sofrimento físico ou emocional. Mas você já teve uma experiência como esta: está caminhando em uma bela trilha arborizada, vendo o pôr-do-sol sobre a água, relaxando com bons amigos no final de um dia de trabalho, fazendo algo divertido ou agradável e começa a pensar na última vez em que fez algo assim, no que fará quando chegar em casa ou que seu gato precisa ter as unhas cortadas...? Sua mente leva você de um momento presente bastante bom para um momento passado ou futuro que presumivelmente foi ou será melhor ou mais importante do que *este* momento.

Como já mencionei, essa tendência mental a se afastar do aqui e agora é simplesmente o que a mente faz. Mas também há a suposição implícita no afastamento para o passado ou futuro de que *outro* momento deve ser mais importante do que o presente. Essa crença básica em que a grama sempre é mais verde do outro lado do aqui e agora impede a presença.

Quando eu falo sobre presença em meus grupos, uso um quadrinho de Gahan Wilson que mostra dois monges sentados lado a lado. O mais velho, presumivelmente mais sábio, diz para o mais jovem, que tem um olhar de desânimo no rosto: "Não acontece nada depois. É isso aí."[14] Parece que todos nós, inclusive os monges zen, tendemos a ignorar o presente ao olhar na direção da próxima coisa boa ou tentar reviver a última coisa boa. O primeiro passo para trabalhar com a síndrome de a-grama-é-mais-verde é nos conscientizarmos dessa tendência sem julgá-la. Podemos notar e dar nome ao inquieto desejo de algo mais, de outra coisa além do que esse momento oferece; respirar com esse sentimento, como podemos fazer com qualquer outro sentimento difícil ou perturbador e aceitá-lo o melhor que pudermos. A tendência a se afastar do aqui e agora é um hábito mental profundamente arraigado. Nós começamos a nos livrar dele observando quando começamos a não estar presentes, mesmo que não possamos voltar ao momento atual.

Eu notei um padrão mental engraçado em mim mesma que me faz lembrar o jovem monge. Medito durante minha introversão, pela manhã. Para mim, a meditação é um bom modo de praticar a presença. Ao me sentar, minha mente faz pequenas viagens de planejamento, lembrança, preocupação e assim por diante. Quando me conscientizo de que estou ensaiando uma conversação que terei mais tarde com um colega ou revivendo — outra vez — o último telefonema de minha filha, volto tranqüilamente o melhor que posso à simples consciência de minha respiração, meu corpo, aqui e agora. Recentemente notei a ironia de uma de minhas pequenas viagens mentais recorrentes. Ao meditar, imagino o quanto estarei calma e atenta quando me levantar da almofada. Vejo-me entrando devagar na cozinha, totalmente presente, sentindo o chão sob meus pés a cada passo, sentindo todo o meu corpo se mover pelo espaço, observando as cores e formas da casa enquanto ando com atenção plena de um aposento para outro. É uma linda fantasia, mas eu ri comigo mesma quando percebi que estava meditando com a única intenção de estar presente, e minha mente estava no futuro, imaginando o quanto eu *estaria* presente! Essa é a síndrome de a-grama-é-mais-verde. Pensar *sobre* estar presente ainda é pensar, não é presença.

O remédio para a crença de que a grama é mais verde em qualquer outro lugar e momento do que aqui e agora não é outra crença mais útil. Quando nos conscientizamos de que estamos agindo como se nossa atenção devesse estar em outro lugar e momento, o remédio está mais perto do que *qualquer* outro pensamento ou crença: em nossa capacidade de voltar a prestar atenção ao momento presente, ao aqui e agora.

Exercício: A experiência surpreendente de comer uma uva-passa

Este exercício foi criado por Jon Kabat-Zinn para seu programa Mindfulness Based Stress Reduction no University of Massachusetts Medical Center. Eu gosto dele porque tem a ver com comer — uma atividade diária comum que pode ser cheia de complexidade emocional, especialmente para as mulheres nesta cultura. Oferece um modo de aprender a organizar o processo de nutrir nosso corpo por meio da prática da presença.

1. Para fazer este exercício, você precisará de uma uva-passa e cinco a dez minutos de tempo ininterrupto. Sente-se em um lugar tranqüilo com a uva-passa na palma da mão. Realmente olhe para ela; observe-lhe a textura, a cor, o tamanho e como a luz se reflete em sua superfície. Ao fazer isso, imagine que a está vendo pela primeira vez. Imagine que está olhando para ela como uma criança olharia, sem lhe dar nome e sem pressuposições a seu respeito, apenas vendo-a clara e diretamente.
2. Ponha-a entre dois dedos e vire-a para observá-la. Veja-a de todos os lados e ângulos. Note qual é a sensação entre seus dedos. Explore-a com os olhos e as mãos, vendo-a e tocando-a. Se a qualquer momento você começar a pensar em quanto tempo isso demorará, no que fará a seguir ou em qualquer outra coisa, apenas note que está pensando e volte sua atenção suavemente para a uva-passa.
3. Agora aproxime-a de seu nariz e a cheire. Não se apresse, respire e sinta seu cheiro. Quando estiver pronta, ponha-a na boca e sinta seu gosto. A princípio sem mordê-la, observe qual é a sensação que produz em sua língua. Então, para se concentrar no sentido do paladar, feche os olhos, morda-a e comece a mastigá-la devagar. Note o sabor e as sensações em sua boca enquanto mastiga. Não se apresse. Continue a mastigar e engula a uva-passa.
4. Quando terminar, fique sentada quieta com os olhos fechados durante algum tempo. Quando os sabores e as sensações desaparecerem gradualmente de sua boca, concentre-se por alguns minutos em sua respiração.
5. Quando estiver pronta, abra os olhos e, se quiser, faça algumas anotações sobre sua experiência. Você notou algo sobre esse alimento em particular que nunca havia notado ou ao qual nunca prestara atenção? Algo sobre o processo de comer? Há algo nessa experiência de comer com atenção plena que você gostaria de praticar à hora das refeições? Se houver, o que é?

✤ Exercício: Pratique a presença na vida cotidiana

Este exercício é apresentado no espírito de dar pequenos passos. Mesmo quando você entende a importância de praticar a presença, não é necessariamente útil tentar estar totalmente consciente de todos os momentos. Em vez disso, sugiro que pense em termos de "momentos de atenção plena" e pequenas vitórias. Este exercício mostra uma forma de praticar a presença durante uma atividade diária comum.

1. Encontre um lugar em que não será perturbada por cinco a dez minutos. Pense nas atividades de um dia típico com a intenção de escolher uma atividade à qual gostaria de oferecer a qualidade da presença. Escolha algo simples que faz todos os dias. Pode ser tomar seu primeiro gole de chá ou café pela manhã, escovar os dentes, subir as escadas, abrir a porta da frente ou virar a chave de ignição do carro. Você pode escolher estar presente em sua respiração quando pára em um sinal de trânsito ou dá um beijo de boa-noite em seu filho. Pode pensar em muitas possibilidades, mas por enquanto escolha apenas uma, algo simples e rotineiro. Não há apenas uma escolha certa.
2. Depois que você escolher uma atividade, feche os olhos e, durante algum tempo, sinta e veja a si mesma com o olho de sua mente presente ao realizar essa única atividade. Imagine que a está realizando pela primeira vez; com os "novos olhos" de uma criança; com gratidão pelo simples fato de estar viva e poder realizá-la. Observe como é estar totalmente atenta ao que está fazendo. Como você experimenta isso em seu corpo? Imagine-se respirando profundamente ao realizar essa atividade. Não se apresse a terminar mentalmente a atividade. Quando estiver pronta, abra os olhos e, se quiser, faça algumas anotações.
3. A visualização no Passo dois é um ensaio intencional de prestar atenção em sua vida cotidiana. Na semana seguinte, pratique a presença na atividade escolhida. Quando devanear, simplesmente volte ao que está fazendo. Talvez queira registrar em seu diário essa experiência, inclusive qualquer comentário de seu crítico interno, e se notou alguma influência em outras partes de seu dia. Depois de uma semana, pode

continuar a praticar com a atividade original, acrescentar outra ou mudar de atividade. O escritor e professor Roger Walsh observa que com exercícios desse tipo "logo se torna claro que toda atividade normal pode ser transformada em um ritual sagrado e um momento de despertar".[15]

❧ Exercício: Uma coisa de cada vez

Este exercício explora sua capacidade de estabelecer limites, para estar presente.

Escolha determinado período de tempo — um dia inteiro, uma manhã, tarde ou apenas uma hora — durante o qual você renunciará à multitarefa e se comprometerá a fazer apenas uma coisa de cada vez. Isso significará dizer "não" a ler o jornal enquanto come, ouvir rádio enquanto dirige, limpar a cozinha enquanto fala ao telefone. Esteja o máximo possível presente na atividade que realizar. O compromisso de não realizar simultaneamente outras atividades durante o período de tempo escolhido tornará mais fácil estar presente. Se quiser, registre a experiência em seu diário. Qual é o efeito em você, em suas atividades e nas pessoas a seu redor de fazer uma coisa de cada vez?[16]

❧ Exercício: A câmera imaginária

A idéia deste exercício veio de Becky Allen Mixter, uma mulher de um de meus grupos — mais exatamente de seu pai. Quando falamos no grupo sobre a prática da presença, Becky se lembrou de uma coisa que seu pai fazia quando ela era criança. Sempre que a família estava reunida em um momento especial, ele usava sua câmera imaginária. Quando eles procuravam uma bela paisagem depois de subirem uma montanha ou faziam sua primeira refeição juntos depois que ela e seus irmãos tinham estado fora, seu pai erguia as mãos diante do rosto como se segurasse uma câmera e "tirava um instantâneo". Sua mensagem para a família era: "Prestem atenção. Registrem este momento; ele é precioso."

Freqüentemente, quando temos câmeras de verdade, nos preocupamos demais em registrar o momento (para o futuro) para estar realmente presentes. Por outro lado, a câmera imaginária é um meio de dizer: "Fique totalmente aqui, agora, neste momento precioso." Um efeito colateral notável de praticar a presença dessa forma é que tendemos a nos lembrar mais vividamente dos momentos em que estivemos totalmente presentes. Becky diz que suas lembranças dos momentos em que o pai convidava a família a estar presente são "claras como água até hoje". Desde então, ela tirou muitos "instantâneos": "Fazendo a curva para minha casa de carro com meu bebê dormindo no banco de trás; vendo meu pai ler para meus filhos; velejando alegremente no Lake Michigan; da inocência do rosto de minha filha logo depois de ela adormecer em meus braços."

Quando procuramos por momentos preciosos, encontramos muitos deles. Leve sua câmera imaginária consigo o tempo todo. Se realmente erguer as mãos diante do rosto e clicar, ou apenas se imaginar fazendo isso, tirar um "instantâneo" a ajudará a se concentrar no aqui e agora.

Quando percebo que estou no piloto automático, com consciência da lista ou minha mente diz que a grama é mais verde "lá, naquele tempo" enquanto meu corpo está "aqui, agora", penso em um haicu* escrito pelo poeta japonês Basho mais de três séculos atrás:

Mesmo em Quioto —
Ouvindo o canto do cuco —
Sinto saudade de Quioto.[17]

---

* Poema lírico japonês, constituído de dezessete sílabas distribuídas em verso não-rimados. (N. da R.)

É confortante saber que os homens têm trabalhado com esses hábitos mentais ao longo de séculos. Fico mais tranqüila comigo mesma e, interiormente, divirto-me com a minha mente agitada. E, por vezes, esses escritos me ajudam a desacelerar e a despertar para a consciência a todo instante.

Capítulo 9

Faça algo que você ama

> "Tudo que você ama — amigos, netos, a luz
> do final da tarde, a maçonaria, o tênis, tudo
> que o absorve — pode ser um reflexo de como você se
> move no mundo espiritual invisível. É sua beleza,
> o ponto elegante em que tudo é um só."
> — Coleman Barks, *The Illuminated Rumi*

Certa noite, cerca de um ano após o nascimento de nosso primeiro filho, meu marido e eu tivemos um tempo precioso a sós. Saímos para jantar e a conversa girou em torno do que havia acontecido naquele ano e de esperanças e planos para os meses seguintes. Eu não me lembro de muito do que conversamos, mas lembro-me de que, aparentemente do nada, meu marido disse: "Estou certo de que me casei com uma pessoa que sabia se divertir. Onde ela está?" Fiquei surpresa com as palavras dele, mas depois percebi que não vieram do nada. As responsabilidades da maternidade consumiram tanto meu tempo, minha energia e minha atenção que eu nem mesmo tinha consciência de que meu lado divertido havia praticamente desaparecido.

Desde então, tenho ouvido de inúmeras mulheres versões diferentes dessa mesma história sobre criar filhos, trabalho ou as duas coisas. Parece que, diante das necessidades dos outros e das responsabilidades em nossa vida, nós nos esquecemos facilmente de nos divertir, do que realmente nos nutre, do que amamos fazer. É claro que a maturidade envolve assumir responsabilidades — ser responsável pelos próprios atos, confiável e capaz de reagir aos outros. Todas essas características não só são desejáveis como também essenciais para quem cuida de bebês e crianças. Como mulheres, desde cedo somos criadas para atender às necessidades alheias. Isso é bom para nossos filhos e para a saúde e o bem-estar de nossa espécie, e também pode ser muito significativo e gratificante para nós. Mas, ao longo dos anos, vi muitas mulheres caírem em um padrão de se concentrar tanto às necessidades dos filhos, parceiros, chefes, colaboradores, amigos e parentes — e até mesmo de seus animais de estimação — que perderam a capacidade de brincar, de fazer coisas apenas por diversão.

O poder renovador da alegria

Fazer algo que você ama é uma das seis práticas para entrar em contato com o Rio Interior, porque fazer algo apenas por prazer nos reabastece, faz nossa fonte voltar a jorrar. Nós nos rejuvenescemos em parte porque, quando nos engajamos em uma atividade que realmente amamos, somos levadas *facilmente* para o momento presente. Quando jogamos tênis, conversamos com um grande amigo, aprendemos a fazer colchas ou ouvimos uma sinfonia, a atividade concentra nossa atenção no momento presente, e o tempo deixa de ser importante. Sem ter de tentar muito chegar a algum lugar, tiramos férias tanto da consciência da lista quanto da multitarefa.

Além disso, essa prática nos permite ter lazer no sentido grego — o tipo de libertação das exigências do trabalho e das obrigações que revitaliza, produz criatividade, incentiva o aprendizado e deixa a imaginação e a inspiração florescerem. Isso poderia significar tocar piano (especialmente quando você não é musicista), desenhar ou pintar (quando não é artista), observar os pássaros, dançar ou fazer arranjos de flores apenas por diversão. Quando o tempo é curto e a lista é longa, tipicamente eliminamos essas de atividades — as coisas que *gostamos* de fazer mas não têm necessariamente um *objetivo*. O escritor e ativista da paz Jim Rice observa: "Lazer envolve a liberdade de se engajar em toda arte ou habilidade que não seja um meio de atingir um fim — em outras palavras, uma atividade realizada por puro prazer."[1]

Astrid começou a dançar em uma época de sua vida de pouca alegria. Ela tinha parado de trabalhar para ficar em casa com os dois filhos pequenos, mas achava a maternidade em tempo integral um desafio, e seu casamento estava estremecido. Seus dias eram cheios de obrigações: "Estava sempre a serviço das crianças, tentando fazer meu marido feliz, mantendo listas, cuidando da casa, do carro e das contas. Também estava envolvida em serviços da igreja e da comunidade. Minha vida era uma série de responsabilidades que se acumulavam." Astrid diz que ansiava por mudanças e começou a se perguntar: "O que me faz feliz?" Concluiu que era a dança, uma atividade que adorava na infância mas interrompeu quando tinha 12 anos, devido às críticas de sua mãe.

Astrid levou alguns anos para realmente fazer aulas de dança. Experimentou alguns tipos diferentes antes de descobrir a que adorava: o tango argentino. "É preciso aprender os passos, mas também muito sobre sentir a música e improvisar." O desafio de aprender os passos e a grande liberdade para improvisar eram a combinação certa para ela. Astrid descreve o começo de seu caso de amor com o tango: "A princípio, permaneceu secreto. Era algo apenas para mim, e eu queria mantê-lo separado do resto de minha vida. Não disse a ninguém de lá de onde eu era e nenhum de meus amigos ou familiares sabia o que eu estava fazendo. Não havia ninguém me julgando. Portanto, se eu não conseguisse aprender aqueles passos, quem ligaria para isso?"

Àquela altura, ela e o marido tinham se separado e Astrid enfrentava dificuldades financeiras. Mal podia pagar as aulas, mas dançar tango era essencial para ela. Astrid disse: "Durante uma hora por semana, eu me proporcionava algo que amava. Quando tudo o mais me esgotava, aquilo me fazia feliz. Achava excitante aprender os passos e sempre me sentia revigorada depois. Era como ter uma pequena luz no escuro... Aquela uma hora por semana me tirou de uma bruma sombria e cinzenta."

Para Astrid, dançar foi uma corda salva-vidas quando ela passava por um momento muito difícil. É claro que você não precisa esperar por momentos difíceis para começar a fazer algo que ama; essa prática também pode trazer benefícios durante os muitos altos e baixos da vida comum. Como vimos no Capítulo 7, a prática de moderar as expectativas pode ajudar você a relaxar internamente, suavizando o que pode ser um clima interior severo e implacável quando o crítico interno está no controle.

Fazer algo que você ama tem um efeito relaxante parecido, quando não é de fora para dentro. Quando arranjamos tempo para dançar, tirar fotos de pessoas em uma rua da cidade, catar pedras em uma praia ou "brincar de nos vestirmos elegantemente" em um brechó, a lista parece menos opressiva depois. Fazer algo que você ama traz divertimento, criatividade, excitação, inspiração, paixão, beleza e prazer para sua vida. É uma cura para quem leva a vida a sério demais. Sem ter um tempo em seu horário para fazer algo que você ama, as atividades que preenchem seus dias — inclusive as práticas do Rio Interior — correm o risco de parecer aumentar a já longa e opressiva lista de coisas a fazer. Muitas mulheres dizem que estão à procura de mais equilíbrio na vida; elas raramente querem dizer: "Eu preciso equilibrar muito prazer na vida com mais deveres e responsabilidades."

Alcoolismo e outras obsessões

Uma das coisas que Dee realmente adora é ler. Ela adorava ler quando era criança, mas agora diz que não tem tempo para isso, exceto antes de dormir. Recentemente, em seu qüinquagésimo aniversário, Dee tirou férias. Ela as descreveu como "gloriosas, *exatamente* o que queria fazer". Ficou deitada na praia durante uma semana e apenas leu — não livros sobre trabalho ou auto-aperfeiçoamento, mas romances e outros que despertaram sua curiosidade. Quando Dee voltou para casa e quis incluir um tempo para leitura em sua rotina diária, descobriu que isso era muito difícil. Ela disse, com considerável frustração: "Será que não posso fazer algo que amo? Por que penso nisso como 'roubar' tempo? Eu faço todo o resto — para quê? Isso não faz sentido. Se eu não puder ter um pouco de prazer durante trinta minutos do dia, um prazer real, qual é o sentido de trabalhar assim? Vou ter de esperar pelas próximas férias, daqui a um *ano*?"

Dee não está sozinha em seu dilema. Algumas mulheres são melhores do que outras em arranjar tempo para o que amam fazer. Mas todas nós sofremos até certo ponto de uma preocupação com trabalho — o trabalho pelo qual somos pagas e o que fazemos na tentativa constante de nos aperfeiçoarmos. O fato de que fazer algo que você ama deva ser descrito como uma prática é um sintoma de nossa cultura obcecada por trabalho. Em um ritmo mais natural, períodos de trabalho se alternariam com períodos de diversão e descanso; nós realizaríamos uma tarefa e depois comemoraríamos isso compondo músicas, dançando, fazendo amor. Embora ainda não tenhamos perdido totalmente esse ritmo, nossos valores sociais falam mais alto: a diversão — ou até mesmo não trabalhar ou fazer algo que não vise ao êxito pessoal — fica para depois. Segundo a organização Take Back Your Time, os americanos não só trabalham mais horas agora do que trabalhavam na década de 1950, como também mais do que os cidadãos de qualquer outro país industrial e até mesmo do que os camponeses medievais trabalhavam! Como um grande número de mulheres nos Estados Unidos se juntou à força de trabalho, muitas de nós têm uma jornada dupla, trabalhando fora e em casa. Isso ainda torna mais difícil nos permitirmos tempo para o prazer pessoal. Embora algumas mulheres tenham a sorte de gostar de seu trabalho, fazer algo que amam as livra totalmente da pressão das responsabilidades e proporciona um tipo de reabastecimento difícil de obter do trabalho.

Um sintoma da obsessão de nossa cultura por trabalho é que muitas de nós não tiram férias mesmo quando estão vencidas. Em um artigo no *Boston Globe* sobre americanos que trabalhavam demais, uma funcionária de uma empresa de software disse que raramente tirava suas três semanas de férias remuneradas devido à ética vigente em seu escritório, onde quase ninguém tirava todos os dias de férias.[2] Um estudo de 2004 do Families and Work Institute comprova isso, descobrindo que mais de um terço dos funcionários não planejava tirar todos os seus dias de férias *remuneradas*.[3] As mulheres no estudo provaram estar mais sobrecarregadas de trabalho do que os homens, mas ainda assim passavam menos tempo do que eles relaxando e se divertindo nas férias e mais tempo cumprindo responsabilidades familiares. (O estudo não inclui as mães em tempo integral, para quem tirar "férias", a não ser que seja sem as crianças, geralmente é trabalhar em tempo integral em um ambiente diferente.) Eu menciono essas estatísticas como um lembrete do poder de nossa cultura de afetar não só nosso modo de trabalhar como também nosso tempo de lazer.

"O que você ama"

Fazer algo que você ama é uma prática do Rio Interior, em primeiro lugar porque fornece equilíbrio e diminui o sentimento de opressão freqüentemente associado a uma atitude mental e a uma agenda repleta de obrigações. Em segundo, porque aquilo que amamos geralmente se origina de quem somos, ou, como diz Coleman Barks, o que amamos "pode ser um reflexo de como nos movemos no mundo espiritual invisível". Nesse sentido, fazer algo que você adora é um possível portal para a esfera do Rio Interior. Há uma conexão entre fazer o que amamos e nosso próprio ser. Em outras palavras, as coisas que amamos são expressões tangíveis de nossa essência intangível.

Quando eu estava pensando em como explicar isso, o que me ocorreu foi um obituário. Além de citar os parentes e as realizações da pessoa, o item mais usado para descrevê-la e honrá-la em seu obituário é o que ela amava fazer. Pode ser impossível realmente descrever, quanto mais saber totalmente, quem cada um de nós é, em sua essência de ser único, com uma vida humana única. Mas lembrar que alguém adorava jardinagem, cães da raça bull terrier, arquitetura gótica ou aquarelas é em parte dizer: "Essa pessoa era assim."

Arranjar tempo para fazer algo que você ama é um modo de honrar e expressar quem você é enquanto ainda está viva. Quando nos permitimos realizar uma atividade amada, os aspectos exteriores e interiores de quem somos se alinham. As mulheres em meus grupos descrevem o resultado desse alinhamento de modos diferentes: como uma sensação de integralidade ou "retidão", como profundamente satisfatório, como alentador, como energizante ou como estimulante. Eu acho que essas palavras descrevem o Rio Interior fluindo para a vida delas quando fazem algo que amam.

Esse alinhamento do interior com o exterior aconteceu com Madeleine quando ela estava em um grupo do Rio Interior. Madeleine era casada, tinha um filho e trabalhava em uma pequena empresa de software. Entrou para o grupo porque seu trabalho consumia muito seu tempo e sua energia e ela se sentia esgotada e fora de contato com o que chamava de "o rio de luz" — suas palavras para a dimensão espiritual da vida, que sempre considerou importante. O grupo forneceu a Madeleine a estrutura de apoio de que ela precisava para restabelecer a conexão consigo mesma e seu rio de luz. Ela começou simplesmente arranjando tempo para a introspecção, uma vez por semana. Seu marido concordou em sair com a filha deles nas manhãs de sábado para Madeleine ficar em casa sozinha.

Na primeira manhã de sábado em que Madeleine teve tempo a sós e aquietou seus pensamentos, percebeu que havia chegado a hora de assistir a um vídeo que ganhara dois anos antes. Sua melhor amiga o havia feito antes de morrer de câncer de mama e lhe dissera para não vê-lo enquanto não estivesse pronta para isso. Madeleine viu o vídeo duas vezes, ouvindo as mensagens amorosas e sinceras da amiga, e chorou muito durante toda a manhã. Suas palavras ao falar sobre essa manhã levaram às lágrimas algumas participantes do grupo.

Na semana seguinte, Madeleine parecia extraordinariamente animada. Contou que tivera outra manhã de sábado a sós e começara a fazer algo que sua amiga lhe recomendara no vídeo. A mensagem da amiga era: "Continue a escrever o livro." As outras participantes do grupo a olharam de modo indagador e ela explicou que, nove anos antes, tinha começado a escrever um romance. "Então", continuou, "eu me casei, tive uma filha, comecei a trabalhar nesse emprego e, com minha nova vida, o livro ficou na prateleira".

O livro tinha ficado literalmente na prateleira; Madeleine pusera suas páginas iniciais em uma caixa na prateleira de cima do guarda-roupa. Durante aquela introspecção de sábado, ela o tirara dali pela primeira vez em nove anos. "Eu li o que escrevi até agora e realmente gostei", disse. "Então recomecei a escrever de onde havia parado."

O rosto de Madeleine estava radiante ao falar sobre isso. Ficou claro para todas as pessoas na sala que essa era uma grande paixão dela e reencontrá-la foi como reencontrar um namorado depois de um longo tempo de separação. Madeleine disse: "Durante toda esta semana, programei meu despertador para as 4h da madrugada para poder escrever antes de me aprontar para trabalhar. Eu sei que não agüentarei continuar fazendo isso, mas a verdade é que não tenho me sentido nem um pouco cansada."

Madeleine estava experimentando a forte onda de energia a que temos acesso quando fazemos algo que realmente amamos. Depois desse reencontro inicial com sua paixão, ela começou a pensar em como reestruturar sua vida para continuar a escrever de modo regular.

O que atrapalha?

Há momentos na vida em que a paixão deve ficar em segundo plano. Por exemplo, é improvável que, com um bebê recém-nascido, Madeleine pudesse ou quisesse se entregar totalmente a seu livro. A falta de tempo e energia em certas fases ou circunstâncias da vida às vezes nos impede de fazer o que amamos enquanto cumprimos nossas responsabilidades. Mas outros obstáculos podem ser superados quando nos conscientizamos deles. Três desses importantes obstáculos são:

- Confundir excelência com paixão.
- Não saber o que você ama.
- O crítico interno (de novo).

Confundir excelência com paixão

Isso pode parecer óbvio, mas vale a pena lembrar que o que fazemos bem não é necessariamente nossa paixão. É importante por dois motivos. O primeiro é que, quando uma pessoa é boa ou talentosa em algo, ela e as pessoas a seu redor podem presumir que essa é a atividade que ama. É ótimo quando ter talento para algo e amar fazê-lo andam juntos, mas quando isso não ocorre uma grande quantidade de tempo e energia pode ser gasta desenvolvendo um talento que dá pouco prazer porque não é o que alegra o coração. Astrid, por exemplo, é extremamente organizada. Para ela, é muito fácil organizar um evento, mesmo para muitas pessoas. Por isso, grande parte de seu trabalho voluntário na comunidade envolveu organização de eventos. Embora usar sua capacidade de organização para um objetivo fosse gratificante, não era sua verdadeira paixão e não a fazia se sentir revitalizada. Quando Astrid descobriu a dança, aprendeu a estabelecer limites para o trabalho comunitário a fim de ter tempo para o tango.

O segundo e talvez mais importante motivo para não confundir excelência com paixão é que você pode deixar de fazer algo que não vem naturalmente ou para o qual não tem muito talento, mas lhe dá grande satisfação. Por exemplo, amar pintar não significa que você tenha de ser reconhecida pelos outros como uma artista. Embora isso sempre seja gratificante, a verdadeira alegria provém do *processo* de pintar, não necessariamente do produto.

Em seu livro *Nature and Other Mothers*, a escritora Brenda Peterson inclui um belo ensaio sobre sua paixão no ensino médio pelo clarinete. Ela era a terceira clarinetista da orquestra, mas conta que fazia sua parte "com o alegre abandono que sempre provocava uma leve careta em seu professor de música, o modo de ele me lembrar de que empolgação não é técnica".[4] Brenda afirma ter percebido, ao ouvir um solo do respeitado primeiro clarinetista, que, embora gostasse muito de música e de vê-lo tocar, nunca conseguiria tocar como ele. Acanhada e pesarosamente, ela começou a parar de ensaiar e a cancelar as aulas e chegou bem perto de vender seu clarinete.

Quando se preparava para vender seu adorado clarinete a uma amiga, Brenda desatou a chorar. Então entendeu que "tinha de tocar de corpo e alma qualquer que fosse o instrumento. Tinha de tocar porque a música era um modo de praticar a introspecção e retribuir o que o mundo me dava; era o mesmo que respirar".[5] Ela continua: "Desde então, levo em conta o fato de que... a paixão que eu escolher pode não me escolher. Mas se há uma escolha entre voltar àquela sinfonia maior ou ficar permanentemente só porque uma parte de mim foi rejeitada apenas por não ser muito talentosa, quero ficar em minha pequena cadeira... e lá ouvir a música sagrada; fazer minha parte imperfeitamente."[6]

Isso é sabedoria, reconhecer que, quando deixamos de fazer algo que amamos apenas porque não somos brilhantes nisso, na verdade rejeitamos uma parte de nós mesmas. Ao rejeitar essa parte vital e imperfeita, não só perdemos uma fonte de alegria como também diminuímos nossa sensação de integralidade.

Não saber o que você ama

Pode parecer estranho, mas muitas mulheres não sabem de imediato o que amam fazer. O que você ama não é necessariamente o que "deveria" amar, é politicamente correto amar seu marido, filho ou o melhor amigo. Algumas de nós seguem as dicas dos outros durante tanto tempo que não têm muita experiência em ouvir as próprias dicas interiores sobre o que amam.

Além disso, o processo de socialização freqüentemente envolve suprimir ou recanalizar paixões. Por exemplo, se uma criança de 3 anos tem paixão por fazer bolinhos de lama, seus pais podem achar que essa atividade produz muita bagunça e pôr rapidamente fim a ela. À medida que crescemos, outras paixões podem ser rejeitadas a favor da "praticidade" ("Você não pode *ganhar a vida* como artista!") ou porque entram em conflito com normas familiares ("Nós simplesmente *não* jogamos boliche. O que há de errado com o tênis?") Finalmente, podemos incorporar esse tipo de mensagem a nosso modo de pensar, tornando-as nossos próprios tabus. Então passamos a ter pouca consciência de certas paixões porque aprendemos a negá-las ou rejeitá-las. Se, à medida que crescemos, o que queremos ou amamos fazer é sistematicamente negado ou rejeitado, pode ser muito difícil na idade adulta nos perguntarmos, "O que amo fazer?" e deixar uma verdadeira paixão vir à tona. Por exemplo, Jody me procurou porque, apesar de ter uma carreira bem-sucedida e um bom casamento, sentia-se deprimida durante grande parte do tempo. Ela era a mais velha de quatro filhos criados por uma mãe solteira que teve dois empregos durante a maior parte da infância de Jody. Jody aprendeu desde cedo a ser responsável e a pôr de lado seus desejos e suas necessidades. Isso era uma estratégia de sobrevivência para ela, como é para muitas crianças que cresceram em lares dominados por pais autoritários, opressivos ou altamente carentes. Quando as necessidades e os desejos dessas crianças são repetidamente ignorados ou sufocados, com o correr do tempo torna-se mais fácil elas "não quererem" ou não saberem o que desejam, porque isso é menos doloroso do que quererem coisas que não podem ter. Uma parte importante da cura de Jody foi aprender a ouvir, permitir e satisfazer os próprios desejos. Ela começou com perguntas bem básicas como: "O que eu *quero* comer hoje no jantar?" Pouco a pouco, quando se permitiu *ter* desejos e começou a encontrar modos de satisfazê-los, sozinha ou com outras pessoas, sua depressão começou a desaparecer.

Se você não sabe ao certo o que ama fazer, começar simplesmente se perguntando "O que me faz feliz?" é um modo de romper as barreiras que impedem esse conhecimento. Fazer essa pergunta a si mesma gentilmente, sem julgamentos, é útil. Vale a pena refletir sobre ela e às vezes é preciso voltar no tempo, talvez à infância, para descobrir ou redescobrir verdadeiras paixões. Os exercícios no final deste capítulo a ajudarão a descobrir e fazer algo que adore.

Aquela mesma velha voz de novo!

Não deveria surpreender o fato de o crítico interno ter seus modos de se infiltrar nas atividades realizadas por diversão e prazer. O crítico tem um papel quando desistimos de algo que amamos porque achamos que não somos boas o suficiente nisso ou porque aqueles que nos cercam poderiam não aprová-lo. É um pouco mais fácil calar a voz ferina do crítico interno quando realizamos uma atividade que amamos por puro prazer, sem visar ao êxito pessoal. Isso não significa que tentar se aperfeiçoar nela não possa ser divertido; pode. Mas, quando colocamos expectativas de êxito em uma paixão, temos de tomar cuidado com o efeito que o julgamento do crítico interno tem de acabar com nossa alegria.

A história de Kelsey é um aviso sobre a paixão e o crítico interno. Kelsey adorava cantar quando era criança. Tinha a sorte de possuir um talento natural para o que mais gostava — ter uma voz linda e potente. Ela cantou em corais e musicais durante todo o ensino médio e universidade e depois entrou em um programa de aperfeiçoamento no qual começou a ensaiar para cantar óperas.

No curso de pós-graduação, o sonho de Kelsey de cantar profissionalmente começou a se desvanecer. O mundo da ópera é extremamente competitivo, e sua sensibilidade às críticas era reiteradamente despertada. Enquanto ela crescia, seu ambiente familiar — com altas expectativas de que, como a mais velha de seis filhos, assumiria responsabilidades, mas contaria com muito pouco incentivo e atenção por parte dos pais —

nutria seu crítico interior. Kelsey era extremamente dura consigo mesma. Por isso, quando um professor de canto a criticava, ficava duplamente arrasada — devido à crítica do professor e à sua autocrítica.

Finalmente, depois de uma aula particularmente difícil com um professor exigente que a deixou em lágrimas, Kelsey abandonou o programa. Esse foi o início de um período sombrio em sua vida. Seu sonho de cantar ópera havia acabado, porém o pior para seu próprio bem-estar foi que ela parou de cantar de vez. Quando veio para a terapia, não cantava há sete anos — nem no chuveiro nem sozinha em seu carro, muito menos em público. Em vez de dar alegria, cantar apenas aumentava a dor da crítica e da rejeição, por isso Kelsey evitava essa atividade. Naquele ponto, outras coisas em sua vida profissional e pessoal não iam bem. Era como se, quando ela parou de cantar, sua força vital também tivesse parado de fluir. O caminho de volta para a saúde e a integralidade incluiu moderar muitas expectativas. Para Kelsey, o grau de auto-aceitação estava ligado ao desejo de voltar a cantar. Para recuperar a voz — em muitos níveis —, Kelsey tinha de superar as mágoas de sua infância e sua experiência como aluna de pós-graduação. Parte desse processo envolveu voltar a cantar como ela fazia quando era criança: de um modo desinibido e por puro prazer.

Com o correr do tempo, Kelsey voltou a cantar, primeiro sozinha e certa de que ninguém a ouviria, e depois, gradualmente, para os outros. Ela está no processo de trocar seu emprego de anos em um escritório, que não lhe dá nada além de um salário, por ensinar música e canto. Em minha opinião, seus alunos têm a sorte de contar com uma professora que sabe tão bem o que fazer e o que *não* fazer para cultivar a semente de uma paixão e ajudá-la a crescer.

Crença bloqueadora: "Depois que eu fizer tudo da lista, poderei me divertir um pouco."

Recentemente encontrei um grupo de colegas que sabia que eu estava escrevendo um livro, mas não conhecia seu conteúdo. Quando expliquei qual era, um deles disse: "Vamos ver se conseguimos adivinhar as seis práticas." Esse é um grupo de terapeutas experientes que, coletivamente, passou muitas décadas se dedicando ao estudo e exercício da psicologia e da espiritualidade. Eles adivinharam rapidamente cinco das seis. A única que não conseguiram adivinhar foi fazer algo que você ama.

Achei isso muito interessante. Fez sentido para eles quando eu disse o que era, mas mesmo com dicas não conseguiram adivinhar. Talvez isso seja uma questão regional, um reflexo da ética de trabalho puritana da Nova Inglaterra. Talvez seja um sinal de que os terapeutas se divertem muito pouco! Mas eu acho que é mais provável que não tenham adivinhado porque nesta cultura de trabalhar o tempo todo, mesmo aqueles de nós que tentam conscientemente criar equilíbrio na vida podem não ver prontamente suas paixões ou a necessidade de se divertir como prioridades.

Em um ambiente em que o tempo é sempre curto e a atividade com um objetivo é muito valorizada, a crença bloqueadora "*depois* que eu fizer tudo da lista, poderei me divertir um pouco" está sempre presente. "Depois que eu limpar a casa e lavar a roupa, *talvez* sobre algum tempo para uma rápida visita ao jardim." "Se eu tiver tempo, depois de levar as crianças para a aula de música, talvez consiga me sentar ao piano sozinha antes de preparar o jantar." Implícita nesse modo de alocar — ou não — tempo para fazer algo que você ama, está a crença de que isso não é tão importante quanto as coisas que precisam ser feitas. "Se eu tiver tempo para ir ao museu, uma das coisas de que mais gosto, não, cumprirei minhas tarefas (lavarei o carro, pagarei as contas)" —, isto é, "não farei as coisas mais importantes'".

Essa crença bloqueadora, como muitas outras, é poderosa porque contém um grão de verdade. Se você está lendo isto, é provável que tenha mais responsabilidades e coisas em sua lista do que tempo para dar conta delas. Por isso, pode parecer que realmente não tem tempo para a diversão simples e desprovida de um objetivo. Um passo para se livrar dessa crença bloqueadora é reconhecer que fazer algo que você adora se encaixa na categoria de atividades importantes mas não urgentes (veja o Capítulo 5). Jogar cartas, assistir a um concerto ou escalar montanhas nunca é urgente como pagar contas e, por esse motivo, podemos facilmente dar prioridade a cumprir tarefas. Mas *é* importante, porque nutre o espírito e nos permite aproveitar a vida que recebemos. Fazer algo que você ama também tem um importante efeito colateral. É *energizante*. Quando

Madeleine voltou a escrever, foi como se sua bateria tivesse sido recarregada. Ela passou a precisar de menos horas de sono e ganhou energia para seu trabalho e outras responsabilidades, assim como para escrever. Astrid disse que, quando volta para casa, depois de dançar, está "toda acesa" e tem tanta energia que leva horas para dormir, mesmo quando está cansada antes de ir para a aula. Portanto, fazer algo que amamos acaba nos dando mais tempo porque nos dá energia. Quando somos nutridas pelo Rio Interior porque alinhamos nossas partes interiores e exteriores fazendo algo que amamos, ganhamos vitalidade. É fácil nos esquecermos disso quando ficamos presas à lista.

Para quem acredita firmemente que o trabalho sempre deve vir antes da diversão, deixo claro que não estou defendendo o hedonismo ou a fuga de responsabilidades. Também não estou recomendando a procrastinação, fazer coisas que não são importantes nem urgentes (como, por exemplo, ver tevê em vez de calcular os impostos no prazo de entrega da declaração). *Estou* sugerindo que questionemos a suposição de que, para ser eficientes e fazer as coisas do modo certo ou o melhor possível, precisamos adiar a alegria.

Se você reconhece em si mesma a tendência a deixar as atividades que ama de fora de sua lista, eu a convido a tentar substituir a crença "*depois* que eu fizer tudo da lista, poderei me divertir um pouco" por uma nova. Experimente algo como: "Fazer algo que eu adoro me dá energia para viver." Ou outra que me foi oferecida em um carimbo de borracha: "Não adie a alegria." Ou então uma paráfrase de Alan Watts: "A vida é como a música; você não a toca para chegar ao final." Você pode usar uma dessas frases ou outra que a faça lembrar do valor de arranjar espaço para algo que você ama.

꧁ Exercício: O que eu amo?

Este exercício se baseia em um método que Julia Cameron usa para ajudar a liberar a criatividade em seu livro *Guia prático para a criatividade — o caminho do artista*.[7] Os exercícios dela, como este, visam ajudar você a ignorar a voz do Censor ou crítico interior fazendo-se uma pergunta e depois respondendo rapidamente várias vezes, sem tempo para pensar muito nas respostas. Nesse caso, o objetivo é ajudá-la a descobrir ou lembrar o que ama fazer.

1. Comece com quatro folhas de papel ou quatro páginas de seu diário. Deixe um espaço em cima de cada página e insira números de um a cinco abaixo desse espaço. Volte para a primeira página e, no campo superior, escreva esta pergunta: "O que eu adoraria fazer se tivesse todo o tempo, dinheiro e energia de que precisasse?" Não pense muito, apenas escreva o que vier à sua cabeça. Demore cerca de um minuto para escrever cinco respostas, como por exemplo:
   1. Escalar o Himalaia.
   2. Pintar aquarelas na Riviera italiana.
   3. Abrir um antiquário.
   4. Lançar minha própria linha de roupas.
   5. Colecionar instrumentos musicais antigos.

2. Vá para a próxima página e escreva a segunda pergunta: "O que eu adoraria fazer se não me importasse com o que os outros pensam?" Escreva as cinco respostas o mais rápido possível. Não se preocupe se escrever uma resposta mais de uma vez. Apenas anote tudo que vier à sua mente, como por exemplo:
   1. Pintar meus cabelos de ruivo.
   2. Pintar minha sala de estar de azul-petróleo.
   3. Ter aulas de canto.
   4. Jogar um jogo de azar.
   5. Usar vestidos rendados.

3. Agora vá para a terceira página e escreva a terceira pergunta: "O que eu adoraria fazer se isso não fosse muito egoísta?" Anote as cinco respostas que lhe ocorrerem, como por exemplo:
   1. Contratar uma baby-sitter para eu poder ir para a cama (a biblioteca, a cafeteria) e ler um romance.
   2. Ter aulas de canto.

3. Arrumar um espaço em minha casa apenas para mim (meus projetos, minha introspecção).
4. Comprar ingressos para toda a temporada de apresentações da Orquestra Sinfônica.
5. Planejar férias na Itália – e ir!

4. Por último, mas não menos importante, pergunte-se: "O que eu costumava amar fazer que não tenho tempo para fazer agora? ("costumava" pode significar qualquer momento em seu passado, recente ou na infância.) Anote suas respostas o mais rápido possível. Por exemplo:
1. Colher folhas de outono, prensá-las e fazer colagens.
2. Dançar ao som de música country nas noites de sexta-feira.
3. Dar festas do pijama.
4. Passar um dia inteiro na praia.
5. Ir de bicicleta a algum lugar em que nunca estive.

5. Depois que você completar todas as quatro páginas, olhe suas respostas. O que consegue observar? Padrões ou temas? Por exemplo, há grupos de respostas relacionadas com viagens, música, antiguidades, um belo espaço dentro de casa, desafios físicos ou atividades ao ar livre? Suas respostas lhe dão novas informações sobre o que você ama fazer? Você poderia agir de acordo com alguma dessas respostas na semana que vem? Por exemplo, se um de seus temas foi "antiguidades", você poderia arranjar tempo para ir a antiquários na semana que vem, nem que fosse apenas para ver vitrines. Se você adorava passar o dia inteiro na praia quando era criança, poderia ficar um pouco mais na próxima vez, mesmo que não fosse o dia inteiro. Se fazer castelos de areia era parte do que tornava isso especial, leve um balde e uma pá.

Este exercício ou qualquer parte dele pode ser repetido sempre que você se sentir paralisada, sobrecarregada de responsabilidades ou fora de contato com o que adora fazer.

❧ Exercício: A colagem "O Que Eu Amo"

Este exercício é outro modo de ajudar você a identificar e celebrar suas paixões. É divertido quando feito em grupo, mas você também pode fazê-lo sozinha ou com seus filhos. Para isso, precisará de uma folha de jornal, papel ou cartolina do tamanho de um pôster, cola em bastão ou fita, tesoura e algumas revistas velhas.

1. Dê uma olhada nas revistas tendo em mente a pergunta "O que eu amo?" ou "O que eu adoro fazer?". Recorte as imagens que achar curiosas, bonitas ou interessantes. Procure por imagens de coisas que você sabe que adora, mas também esteja aberta a imagens inesperadas. Por exemplo, se você ama jardinagem, procure imagens de flores, belos quintais ou campos. Mas também escolha imagens pelas quais se sente atraída sem saber por quê. Assim, poderá descobrir algo que não sabia que amava. Como no exercício anterior, não pense muito. Este exercício é para ser feito em um espírito de brincadeira criativa.
2. Quando você tiver algumas imagens, faça a colagem "O Que Eu Amo" arrumando e colando o que recortou na grande folha de papel ou cartolina. Ponha sua colagem onde possa servir como um lembrete do que ama fazer.

As mulheres em meus grupos gostam muito deste exercício. Para muitas, recortar, colar e fazer a colagem é a coisa mais próxima de brincar que fizeram em meses ou anos. É em si um lembrete de como pode ser revigorante fazer algo por pura diversão.

❧ Exercício: Faça isso!

Os dois exercícios anteriores visam principalmente ajudar você a identificar o que lhe traz alegria. O próximo passo é realmente *fazer* o que você ama. Isso significa arranjar tempo para o que quer que seja, se você ainda não o arranjou, e tornar esse tempo uma prioridade — uma vez por dia, uma vez por semana, uma vez por mês ou o que funcionar para você. Quando identificou a dança como algo que queria na vida, Astrid disse que calculou isso "quantitativamente". Isto é, somou o tempo que todas as suas responsabilidades lhe tomavam em uma semana comum ("inclusive dormir!") e viu que poderia reservar duas horas, incluindo o tempo de deslocamento, para a dança. Meu processo de raciocínio não é tão quantitativo quanto o de Astrid, como o seu também pode não ser. Mas há muitos outros modos de arranjar tempo para algo que você ama. Essa intenção é o fator mais importante para que isso aconteça. Se precisar, volte ao Capítulo 5 e use seus princípios de estabelecimento de limites para ajudá-la a arranjar tempo para algo que ama. Fale sobre sua intenção e seu plano com uma amiga ou colega do Rio Interior, a fim de obter apoio. Use um diário para registrar sua intenção, seu plano e suas vitórias.

Encerrando este capítulo, quero novamente enfatizar que a prática de fazer algo que você ama tem a ver com diversão, prazer e alegria. Se nós nos lembrarmos de pensar nisso assim, descobrir e fazer o que nos dá prazer pode ser mais fácil do que imaginávamos. A título de ilustração, eis um breve relato de como uma participante de um grupo do Rio Interior redescobriu uma fonte simples de alegria oculta durante anos:

> Foi em um dia no meio do inverno, logo após uma grande tempestade de neve na Nova Inglaterra, quando eu fiz meus filhos vestirem casacos de neve e, uma vez na vida, deixei de lado minha lista de coisas a fazer e fui andar de tobogã, sem ter em mente prazos finais. No alto da colina, sob um céu azul e brilhante, senti-me grata pelo dia, pela oportunidade de estar com meus filhos. Deslizando colina abaixo com meu filho de 6 anos na minha frente, soltei gritos de alegria a cada solavanco, com um grande sorriso no rosto. É claro que eu não sorria assim há algum tempo, porque no final meu filho me olhou, apertou minha mão e disse: "Era isso que você adorava fazer quando era pequena?" Eu fiquei tão comovida ao vê-lo tão feliz me vendo feliz que decidi arranjar mais tempo para essa alegria espontânea!

Parte Três

Mantenha o Rio Interior fluindo

As práticas apresentadas nos seis capítulos da Parte 2 nos fornecem ferramentas eficazes para recuperar o equilíbrio, a profundidade e o sentido em nossa vida individual. Quando tentamos trazer mais sanidade para nossa vida cotidiana, freqüentemente surgem questões sobre outro tipo de equilíbrio: o equilíbrio entre o eu e o outro, entre nossa vida individual e a vida coletiva dos grupos, das comunidades e do mundo do qual fazemos parte. Muito do que coloquei nestas páginas incentiva a atitude de "se voltar para dentro", embora muitas coisas no mundo precisem de atenção e cura. O trabalho com o Rio Interior só exaltou o olhar para o próprio umbigo, deixando o resto do mundo ir para o inferno? Envolve mais egoísmo, algo de que precisamos muito *menos* para encontrar, coletivamente, paz e cura? Considero essas perguntas legítimas. Se nós nos importamos com o mundo em que vivemos e que deixaremos para as gerações futuras, é importante que possamos entender como os benefícios das práticas do Rio Interior vão além de nós mesmas.

O objetivo da Parte 3, o último capítulo, é ver como o trabalho interior se estende para fora e descrever o papel que podemos ter em manter o Rio Interior fluindo para as próximas gerações.

Capítulo 10

Além do autocuidado

"Descobri que todo mal humano provém de...
ser incapaz de se sentar quieto em uma sala."
— Blaise Pascal, *Pensamentos*

"Onde as pessoas vivem em introspecção
O ar é carregado de bênçãos e realmente benfazejo;
As janelas dão para as montanhas e as paredes são boas."
— May Sarton, "The Work of Happiness"

Algum tempo atrás, durante uma conversa casual em uma festa, um homem muito amável me perguntou o que eu fazia. Eu lhe falei sobre meu trabalho de psicoterapeuta e descrevi de forma sucinta os grupos do Rio Interior. "Ah", disse ele, "entendo; você ajuda as mulheres a fazerem coisas boas para si próprias, como tomar banhos de espuma."

Eu não sei bem se o problema foi o que eu disse, como disse, como ele ouviu ou todas as hipóteses, mas ficou claro para mim que ele *não* entendeu o que eu estava falando. Embora o trabalho de entrar em contato com o Rio Interior seja em parte autocuidado, suas implicações vão muito além da capacidade das mulheres de relaxarem e cuidarem de si mesmas. Mas, para ser justa com o homem na festa, acho bastante fácil banalizar e entender esse trabalho de modo equivocado.

O possível impacto do trabalho com o Rio Interior nas comunidades, nas organizações e na sociedade como um todo poderia ser tema de todo um outro livro. Só quero mencionar aqui alguns dos modos pelos quais seus benefícios vão muito mais além de nós mesmas do que poderíamos imaginar quando diminuímos nosso ritmo e entramos em contato com nossos eus interiores. Como parte da reflexão sobre como esse trabalho pode ajudar a consertar nosso mundo, examinarei brevemente seu efeito em nossos relacionamentos pessoais e nossos filhos e, portanto, nosso futuro. Além disso, examinarei o que está em jogo se não encontrarmos coletivamente modos de desacelerar. Também é importante refletir sobre o papel único que cada uma de nós pode ter nessa cura — o papel que somos convidadas a representar como mulheres — e como podemos unir nossas forças para o bem do mundo. Em primeiro lugar, vamos olhar para mais perto, ver o efeito de nosso bem-estar em nossos relacionamentos pessoais.

Nós e os outros

A capacidade de desacelerar e prestar atenção ao momento presente, essencial para a prática do Rio Interior, beneficia diretamente os relacionamentos. Em resumo, quando vamos rápido demais, arriscamo-nos a nos atropelar. Quando operamos no piloto automático, é fácil nos ferirmos. Quando nos preocupamos com o tagarelar constante da lista de coisas a fazer, freqüentemente não ouvimos uns aos outros. Nós desaceleramos e praticamos a presença não só para nos encontrar como também para encontrar os outros.

O grande contemplativo católico Thomas Merton disse: "É na profunda solitude que encontro a benevolência com que posso realmente amar meus irmãos."[1] Esse aparente paradoxo de conexão profunda com os outros na introversão surge repetidamente em minhas experiências pessoais e profissionais. Esse sentimento de conexão com os outros não só *é* agradável, como também nos permite reconhecer nossa união básica como seres humanos. Tal reconhecimento é a fonte de compaixão e benevolência que nos permite superar as barreiras que nos separam.

Quando estou tendo dificuldades em um relacionamento, tipicamente me preocupo e me irrito ao longo do dia, fazendo outras coisas e interagindo com pessoas diferentes. Às vezes falo com meu marido ou uma amiga que pode me ouvir "extravasar" meus sentimentos. Finalmente, na maioria das vezes, falo diretamente com a pessoa sobre o que está me incomodando. Segundo minha experiência, os melhores resultados dessas conversas ocorrem quando eu saio de meu modo de execução e entro em um estado de contemplação ou introspecção antes de falar com a pessoa. Às vezes escrevo em meu diário ou medito sobre a questão, ou faço as duas coisas. Quando arranjo tempo para ficar a sós com a dificuldade, freqüentemente experimento uma mudança no coração, um abrandamento, uma nova perspectiva. Isso pode me ajudar a solucionar o problema, mas a mudança que experimento vai além. Quando chego às águas do Rio Interior, tenho acesso à benevolência de que Merton fala, tanto em relação a mim mesma quanto à outra pessoa. Nós ainda podemos discordar, mas deixo de me sentir antagônica. Lembro-me de nosso ponto em comum e consigo tratar a pessoa com mais abertura e equanimidade. O tempo que gastei em meu trabalho interior me ajuda a me tornar menos polarizada, a falar de um modo mais fácil de ouvir.

O interessante nisso tudo é que uma mudança de opinião em relação ao outro começa com uma mudança de opinião em relação a si mesma. Ver a si mesmo com clareza e compaixão freqüentemente é o primeiro passo necessário para ter compaixão pelos outros. É possível encontrar essa clareza e compaixão por si mesma quando você desacelera e entra em contato com o Rio Interior.

Uma participante de um grupo do Rio Interior disse que quando incorporou a introspecção à sua rotina diária ficou mais fácil não falar no calor do momento com o marido. "Eu não sei dizer exatamente por que isso funciona", explica, "mas vejo repetidamente que há uma ligação entre me controlar, estar presente e ser compassiva, em vez de seguir minha trajetória habitual de reação defensiva e afastar as pessoas." Então descreve um incidente em que ela e o marido tiveram um dia difícil marcado por uma briga explosiva não resolvida quando ela saiu para ir ao encontro de seu grupo de meditação semanal. "O grupo era realmente uma chance de estar comigo mesma, me acalmar e praticar a introspecção. Quando voltei para casa, meu marido parecia arrasado, como se tivesse tomado uma surra. Eu tive imediatamente uma reação compassiva. Caminhei em sua *direção* em vez de me afastar, como de costume. Eu me sentei e lhe disse como *queria* que o dia tivesse sido, e não como fora. Jamais teria reagido assim se não tivesse praticado a introspecção. Ele se acalmou totalmente e ficou grato pela minha iniciativa."

A idéia de que a introspecção traz benefícios para os relacionamentos não é nova, mas tem de ser repetida e revisitada porque nós nos esquecemos facilmente de que nossa atitude em relação a nós mesmas influi no modo como tratamos os outros. Desacelerar e praticar a introspecção para refletir sobre nossos sentimentos e atos pode nos levar a interagir com mais sensatez e atenção. Em nossa cultura acelerada, esquecemo-nos da necessidade de parar, refletir e "planejar", não só para nosso próprio bem-estar como também para produzir harmonia nos relacionamentos e atitudes sensatas no mundo.

Nossos filhos, nosso futuro

Quando as mães em meus grupos falam sobre seus filhos durante muito tempo, geralmente eu as conduzo de volta a si mesmas, lembrando-as de que essa é uma oportunidade de deixarem um pouco de lado as necessidades dos filhos e restabelecerem a conexão com as próprias vidas interiores, o que as nutre abaixo da superfície de suas responsabilidades diárias. Isso segue o modelo do aviso das empresas aéreas para "pegar primeiro sua máscara de oxigênio e depois ajudar quem está perto de você". Também é verdade que o trabalho com o Rio Interior tem um efeito inevitável na geração de nossos filhos e nas gerações futuras. Para mim, o impacto em nossos filhos — isto é, nosso futuro — é um dos principais motivos pelos quais é tão importante.

Muitos anos atrás, quando reconheci pela primeira vez que havia perdido meus rumos interiores em meio à lista de atividades de uma jovem mãe, só tinha consciência da necessidade de me encontrar, de arranjar tempo para ficar quieta e do alívio que esperava que isso iria me proporcionar. Não pensei se isso seria bom ou não para meus filhos. Tudo que sabia era que, embora adorasse cuidar deles, estava esgotada e precisava encontrar meu caminho de volta para o Rio Interior.

Agora sei que meus insistentes esforços naquela época para desacelerar e arranjar tempo para me voltar para dentro não foram importantes apenas para mim. Tornaram-me uma mãe melhor e foram um modelo de valor inestimável para meus filhos. Com freqüência, eu pergunto aos pais e sei que eles perguntam a si mesmos: "Você já pensou no modelo que seu horário corrido está sendo para seus filhos?"

Eu me lembro de uma charge de Jack Ziegler no *New Yorker* que mostra um homem saindo correndo pela porta de frente de sua casa. Ele puxa o filho pela mão. Os pés do menino estão voando no ar, um ursinho caiu de sua mão, seu chapéu está prestes a cair no chão e seus olhos estão arregalados. Na legenda, o pai diz: "Ok, garoto. Eis aqui o homem ocupado. Tempo de qualidade, lá vamos nós."[2] Outra charge, de Robert Weber, mostra uma mãe com um olhar abatido sentada à cabeceira da cama de uma filha com um olhar abatido. Ela diz à filha: "É apenas exaustão, querida. Todo mundo tem isso."[3]

Essas charges são engraçadas porque mostram situações familiares para muitas de nós. Mas, para mim, sob o riso há um sentimento agudo de tristeza. E se parássemos por tempo suficiente para ver e sentir o que nossa cultura de rapidez, 24/7 e saturada de informações está fazendo com nossos filhos? O cérebro das crianças é programado para imitar e hoje elas assimilam, com assustadora rapidez, os hábitos de multitarefa, viver superficialmente e se mover em alta velocidade. Também mostram sinais de esgotamento desde muito cedo, o que é preocupante.

Eu não desfiarei aqui a ladainha de problemas que as crianças estão enfrentando, de abuso de drogas, automutilação e vício em Internet a obesidade, depressão e ansiedade, para citar apenas alguns. Certamente não atribuirei a causa deles a um único fator, pessoal ou social. Uma rede complexa de influências interligadas dá origem aos desafios que essa geração está enfrentando. Contudo, realmente acredito que a devoção de nossa cultura à velocidade é uma influência negativa que exacerba as outras. Sabemos por experiência própria o preço que pagamos em sintomas relacionados com o estresse quando ficamos presas à lista doentia de mil coisas a fazer. Da mesma forma, se nos permitirmos olhar, veremos os sinais de estresse em nossos filhos quando eles estão indo rápido demais e fazendo coisas demais. Quando decidimos desacelerar e simplificar, geralmente temos a intenção de levar uma vida menos estressante. Mas há algo mais nisso. Para nós mesmas, assim como para nossos filhos, a busca por um ritmo de vida mais lento surge de uma necessidade não só de experimentar *menos* estresse, como também de experimentar *mais* profundidade e sentido. Como uma cultura, precisamos perguntar não apenas "*Como* desacelerar?", mas também "*Por quê?*"

O que está em jogo: pensar, sentir e ouvir profundamente

Nós não desaceleramos por desacelerar; desaceleramos pelo que ganhamos com isso ou o que podemos perder se não desacelerarmos. Em nosso ritmo atual, corremos o risco de que, no futuro, nossa capacidade de pensar, sentir e ouvir profundamente — a nós mesmas e aos outros — fique seriamente comprometida. Pensar profundamente exige atenção total e tempo para se concentrar em uma idéia, refletir sobre ela e incubá-la como parte de seu desenvolvimento, ver os problemas de muitos ângulos e deixar a compreensão e a sabedoria amadurecerem. Esse tipo de atenção e tempo atualmente está em risco, mesmo em nossas universidades, consideradas os baluartes sociais do pensamento profundo.[4]

Sentir profundamente também exige um ritmo mais lento; a falta de tempo para isso é uma marca registrada da vida superficial. Se a pressão do tempo reduz nossa capacidade de nos regozijar, expressar amor e sentir gratidão, assim como de sentir tristeza e pesar, acaba nos insensibilizando. Nossos corações se fecham e perdemos não só a capacidade de sentir compaixão, como também a capacidade de nos guiar para o que é mais importante e a energia que nossos sentimentos nos dão para fazer o que gostamos. Permitindo-nos sentir e expressar nossa dor para os outros e o mundo, ganhamos acesso à sabedoria, à coragem e ao poder necessários para reagir criativa e eficazmente aos problemas que enfrentamos hoje em dia.[5] Como vimos no Capítulo 6, com um coração aberto e acesso ao Rio Interior, podemos transformar a dor em poder compassivo. Mas, quando passamos rapidamente pela superfície da vida, perdemos o contato com a corrente profunda inesgotável que alimenta a raiz principal de nossa dedicação e de nosso poder.

A capacidade de ouvir profundamente os outros é importante para tudo, do sucesso nos relacionamentos pessoais à paz mundial. Às vezes parece que a última coisa que temos tempo para fazer é ouvir uns aos outros. Mas quando estamos presentes para ouvir não só promovemos a harmonia nos relacionamentos como convidamos a pessoa que ouvimos a entrar em contato com a própria profundidade. Nós nos tornamos catalisadores, ajudando-a a ter acesso ao Rio Interior. Essa é uma dádiva que podemos oferecer ao dedicar tempo e atenção a ouvir profundamente outra pessoa.

O processo do Rio Interior exige e desenvolve a capacidade de ouvirmos a nós mesmos profundamente. Dado o ritmo em que nos movemos, parar para ouvir e seguir nossas próprias sugestões interiores está se tornando um ato raro e radical. O que ouvimos quando desaceleramos e nos voltamos para dentro pode nem sempre fazer sentido lógico ou ser aprovado pelos outros. É preciso reunir coragem, habilidade e equanimidade para seguir as sugestões interiores quando estamos ocupadas e as pessoas esperam alguma ação exterior de nós. Mas, se não arranjarmos tempo para nos ouvir, correremos o risco de não conseguir usar nossas melhores fontes de criatividade, intuição e insight para resolver problemas em nossa vida e no mundo.

Eu gostaria de poder dizer com segurança que a geração de nossos filhos está crescendo com as condições sociais e habilidades pessoais necessárias para pensar, sentir e ouvir profundamente. Neste momento, não posso dizer que isso é verdade. Guiar as crianças para que desenvolvam essas habilidades e criar condições em nossa cultura que as promovam são desafios essenciais que enfrentamos. Steve Jobs, CEO da Apple Computer, disse em seu discurso para os formandos da Stanford University, em junho de 2005: "Seu tempo é limitado... não o gaste vivendo a vida de outra pessoa... Não deixe que o barulho da opinião dos outros cale a sua voz interior. E o mais importante: tenha coragem de seguir o próprio coração e sua intuição. Eles, de alguma maneira, já sabem o que você realmente quer se tornar. Todo o resto é secundário."[6]

Eu adorei ler esse conselho de olhar para dentro, principalmente porque veio de um dos gurus da era da informação. Mas não basta inspirar nossos jovens com esse tipo de sabedoria; devemos garantir que nossos filhos e netos saibam o que é sua voz interior e como encontrá-la. Temos de criar condições culturais que lhes permitam ouvir o próprio coração e a intuição e fazer o que aconselham. Temos de questionar e nos opor ao aumento no velocímetro da vida cotidiana. Temos de parar e praticar a presença e influenciar escolas, locais de trabalho, comunidades, empresas e governos para que façam o mesmo. Temos de nos nutrir, servir de modelo e passar adiante as ferramentas para entrar em contato com o Rio Interior e suas águas revigorantes para nos curar, curar nossos filhos e nosso mundo.

Faça diferença

Realmente é uma proposta assustadora mudar uma cultura desequilibrada e um mundo em crise. Quando temos as ferramentas para desacelerar e encontrar equilíbrio e profundidade como indivíduos, começamos naturalmente a nos perguntar: "Meus esforços individuais para desacelerar e entrar em contato com o Rio Interior podem ter algum efeito nas prioridades culturais e no estado do mundo?" Eu não posso dizer com absoluta certeza qual é o efeito de nossos atos individuais na realidade coletiva. Mas *posso* dizer com certeza que recorrer ao Rio Interior em minha vida cotidiana é útil para mim e para as pessoas ao meu redor. Quando uma participante de um grupo do Rio Interior se afasta da ocupação descontrolada e se aproxima da profundidade, seu exemplo incentiva outras pessoas a fazerem o mesmo. Nossos esforços para mudar nossos ritmo e nossas prioridades têm um notável efeito propagador. Como afirma o escritor Malcolm Gladwell, se indivíduos suficientes fazem uma mudança, surge um "ponto de desequilíbrio" quando a mudança se torna coletiva.[7]

É claro que a mudança no nível de todo um sistema exigirá mais do que mudanças individuais múltiplas. Para muitas pessoas que hoje lutam para ganhar seus salários nos Estados Unidos, dizer "desacelere" no contexto de uma economia movida pelo crescimento, pelo lucro, pelo consumo excessivo e pela crescente competição global é como dizer "voe" para um pássaro em uma gaiola. Nós precisamos de mudanças em nossas instituições nos níveis local, nacional e internacional. Quando se trata de uma mudança em larga escala, essa é uma proposta que inclui tudo, e não uma coisa ou outra. Precisamos que muitas pessoas façam mudanças em seu modo de viver *e* que as instituições façam mudanças nas prioridades que definem suas políticas e práticas.

Nem todo mundo está em posição de fazer mudanças em um nível institucional, mas, por meio de escolhas individuais, *todos* podem contribuir para o possível "ponto de desequilíbrio", com vistas a mudar as prioridades em nossa cultura e curar nosso mundo. É fácil nos sentirmos sem esperança ou paralisadas quando nos deparamos com o enorme sofrimento que às vezes parece estar em todas as direções para as quais olhamos. Sentimos uma compreensível tentação de *não* olhar — nos afastar, nos "ocupar" com nossa própria vida, enfiar a cabeça na areia. Nesses momentos em que queremos nos fechar e nos afastar do mundo, nossa capacidade de recorrer ao Rio Interior pode nos ajudar a sentir e agir de acordo com o que vemos, em vez de ficar paralisadas ou negá-lo. É exatamente aí que reside a ligação entre os muitos problemas do mundo e os recursos da esfera do Rio Interior. Quando sabemos desacelerar e nos voltar para dentro, podemos, antes de tudo, reconhecer e aceitar os sentimentos naturais de desesperança e opressão que fecham nossos corações. Ao aceitá-los, estamos em melhor posição para nos dedicar e encontrar um modo mais autodirigido de agir em benefício do que é importante para nós. Quando realmente agimos, a esfera do Rio Interior oferece a clareza, a compaixão, a força e o senso de objetivo que nos permitem reagir às necessidades do mundo de nosso próprio modo significativo.

Nosso chamado único

Aparentemente é um paradoxo o fato de que, quanto mais nos voltamos para dentro e entramos em contato com o Rio Interior, mais somos chamadas a levar os recursos que encontramos ali para o mundo. Jean, professora de ciências e mãe de dois filhos, veio para um grupo do Rio Interior em um momento em que se sentia oprimida e fora de equilíbrio devido a pressões no trabalho e em casa. Seu principal objetivo no grupo era arranjar algum tempo todos os dias para a introspecção, se sentar quieta e talvez meditar. Pouco a pouco, parando muitas vezes, ela finalmente começou a ter um tempo tranqüilo todas as manhãs. A introspecção de Jean a ajudou a reduzir seu nível de estresse diário, mas também teve um efeito inesperado. Ela explica: "Eu pulava para fora da cama como se fosse um elástico e tinha o dia *inteiro* para fazer as coisas. Nunca parava o suficiente para agradecer por meu dia quando ele começava. Agora, quando estou sentada quieta de manhã e olho para as árvores, sinto-me grata — por minha saúde, minha família, meu emprego, ter o bastante para comer... e esse sentimento de gratidão me faz querer *procurar* modos de retribuir." Com sua recém-descoberta gratidão, Jean começou a trabalhar como voluntária no programa de distribuição de alimentos local. Para ela, esse é um modo de retribuir surgido diretamente da gratidão, focado em um problema pelo qual ela se interessa muito.

Com o correr do tempo, o conhecimento da dimensão do Rio Interior pode nos guiar gentilmente para nosso papel na cura do mundo. Em minha opinião, todas nós temos uma contribuição única a fazer. Poderia ser cuidar de nossos filhos, membros da família, amigos ou vizinhos, do pedaço de terra em que vivemos ou nossas comunidades, ou trabalhar diretamente para aliviar o sofrimento. Poderia ser criar ou apoiar as artes, organizações ou idéias que levem os outros a pensar, sentir e ouvir profundamente. Nós percebemos qual é nossa contribuição única em um determinado momento quando nos voltamos para dentro, nos aquietamos e ouvimos aquela pequena "voz silenciosa" interior. Isso nos ajuda a responder à pergunta: "O que me cabe fazer neste mundo?" Permite-nos saber qual poderia ser nosso chamado particular ou modo de atender às necessidades diante de nós, em vez de como *deveríamos* reagir ou como um vizinho, amigo ou colaborador reagiria. Como disse uma participante de um dos grupos do Rio Interior: "Quando eu me calo por dentro, sinto minha conexão com os outros e me lembro de que é uma ilusão achar que não estamos conectados. Então parece importante que eu faça meu papel e todos façam o seu porque *estamos* nisso juntos. Eu não tenho de mudar o mundo sozinha; tenho de fazer o que posso. E todos têm de fazer o que podem."

Ancorar-se no Rio Interior

Quando decidimos atender a um chamado interior e agir e interagir no mundo, as coisas nem sempre são fáceis. Como podemos obter uma sensação de equilíbrio e equanimidade de modo que não sejamos vencidas pelos reveses ou esmagadas pelas dificuldades que inevitavelmente surgem quando fazemos o que consideramos importante? Como encontramos coragem e força para dizer claramente — ou fazer silenciosa e persistentemente — o que é importante para nós diante de falta de incentivo, obstáculos e oposição? É aqui que o ciclo de "mergulho e retorno" é valioso. Nós mergulhamos na esfera do Rio Interior para recuperar nosso senso de objetivo, ter uma fonte de vitalidade e poder maior do que nossa força individual. Então podemos retornar e fazer o que nos cabe com energia renovada e compromisso, mais perspectiva e talvez algumas soluções criativas para as dificuldades que enfrentamos.

Julie é uma professora que entrou em um grupo do Rio Interior para ser ajudada em uma mudança de emprego de uma universidade para outra. Além de dar aulas, ela assumiu um novo papel como parte "do que lhe cabe fazer". Julie é especializada em história, cultura e política iraniana e foi convidada a ser consultora das forças armadas americanas sobre o Irã. Isso deu origem a muitos temores e apresentava grandes desafios. Ela diz que o trabalho com o Rio Interior lhe deu ferramentas para lidar com seus temores e enfrentar os desafios. Quando trabalha com as forças armadas, "mergulhar e retornar" é uma corda salva-vidas:

Estou nesse ambiente opressivo com centenas de pessoas de uniforme, a maioria homens pensando no Irã como um adversário, esperando que eu lhes dê alguma perspectiva. Sinto o enorme peso de minha responsabilidade. Eu não seria capaz de fazer isso sem o trabalho interior. Às vezes saio da sala e fico em um canto, em algum lugar. (Felizmente há tão poucas mulheres que o banheiro é uma aposta segura!) Mesmo que não seja muito tempo, eu reservo algum para ficar a sós em silêncio, porque sei como isso é importante. Faz com que eu atinja uma corrente profunda de sabedoria e verdades milenares. Quando penso "Que diferença eu poderia fazer?", essa pequena introspecção renova minha esperança e força para tentar fazer a coisa certa. Mesmo sendo uma pessoa insignificante — na verdade, ninguém —, isso realmente restabelece meu sentimento de conexão com as outras pessoas e minha determinação de fazer a minha parte.

A capacidade de Julie de se ancorar em "sabedoria e verdades milenares" do Rio Interior a ajuda a enfrentar os desafios do trabalho para o qual foi chamada. E, na opinião dela, contribui para o impacto que pode ter. Julie diz:

Quando paro antes de participar de uma simulação de guerra, visualizo os verdadeiros iranianos; penso na zona rural onde estive. E também nos soldados americanos que estariam entrincheirados se houvesse uma guerra no Irã. Tento imaginar como são as coisas de cada ponto de vista e me concentrar em ter compaixão por cada posição. Isso não é um exercício analítico; é engajar o coração. Não é o que meu treinamento acadêmico ou este ambiente militar me dizem para fazer. Vem do aprendizado do valor de me voltar para dentro para ser eficaz exteriormente. Então eu falo com mais autenticidade com os oficiais e acho que é em parte por isso que eles me ouvem.

Eu não lhes digo apenas o que eles querem ouvir; realmente consideraria isso um mau resultado. Mas tenho conseguido encontrar uma base comum, sentir compaixão por eles e respeito por seu ponto de vista, muitas vezes lhes dizendo coisas que não querem ouvir. Continuam a me ouvir e consultar em níveis mais altos porque encontrei um modo de falar com eles. E sei que fiz isso por intermédio de meu trabalho interior.

Nosso papel como mulheres

É particularmente importante que nós, mulheres, aprendamos a usar nossos recursos interiores de sabedoria e compaixão porque temos um papel crucial no que diz respeito a tornar o mundo um lugar melhor para nós mesmas e para as gerações futuras. O primeiro modo de fazer isso é direto: embora os papéis masculinos e femininos estejam mudando, as mulheres ainda são as principais responsáveis por orientar e cuidar da nova geração — em casa, na escola e na creche. Como tal, nosso modelo nesse papel é importante. Estamos bem posicionadas como cuidadoras e professoras para levar nossas crianças a pensar, sentir e ouvir mais profundamente.

Quando as mulheres em meus grupos começam a trabalhar com o processo do Rio Interior, freqüentemente se tornam mais conscientes da importância de seu papel na família e fora dela. Uma participante de um grupo se referiu a isso assim: "Quando estou ausente, parece que o humor de toda a família fica ausente." De igual modo, quando conseguimos criar condições para ser nutridas pelo Rio Interior e encontrar nosso próprio equilíbrio, isso por sua vez nutre quem está a nosso redor. Anne Morrow Lindbergh conhecia bem o efeito propagador de encontrar o equilíbrio por meio da introspecção: "Eu preciso tentar ficar sozinha durante parte de cada ano... e parte de cada dia... para preservar minha essência, meu centro... A mulher deve parar como o eixo de uma roda em meio às suas atividades... ser a pioneira na conquista dessa quietude... não só para a própria salvação, como também para a salvação da vida familiar, da sociedade e talvez até mesmo de nossa civilização."[8]

O outro modo pelo qual as mulheres desempenham um papel essencial nessa mudança tem menos a ver com sua condição de mães biológicas ou seres humanos em corpos femininos do que com o que poderia ser chamado de "qualidades femininas" — características e habilidades como empatia, capacidade de cuidar dos relacionamentos, colaboração, compaixão, vulnerabilidade e intuição. Tanto as mulheres quanto os homens podem ter e expressar essas características, assim como as assim chamadas "qualidades masculinas", como individualismo, assertividade, determinação, competição, controle e domínio da mente racional. Nossa cultura valoriza muito as qualidades masculinas e pouco as femininas. Tem-se sugerido que muitos dos desafios que enfrentamos, inclusive injustiça social, degradação ambiental e os problemas da globalização, refletem um desequilíbrio entre as qualidades masculinas e femininas. Mais equilíbrio poderia ajudar a restaurar nossos sistemas sociais e ambientais. Como mulheres, precisamos da energia, da força e do senso de objetivo que provêm do Rio Interior para essas qualidades femininas fornecerem equilíbrio quando necessário. O hábito de Julie de desacelerar e praticar a introspecção ao prestar consultoria para as forças armadas é um bom exemplo de como obter e usar o poder do Rio Interior a serviço da ação compassiva.

As mulheres, assim como os homens que desenvolveram as qualidades femininas, são forças-chave para a cura de nosso mundo. Esse amor feroz e protetor de "mãe ursa"9 é muito poderoso e é *desse* tipo de poder — surgido do amor pelo que é vulnerável e precioso — que precisamos para criar um mundo mais justo e pacífico.

O Rio Interior fluindo para o futuro

Quando desacelero e me aquieto por dentro, freqüentemente sinto tristeza pelo sofrimento de todo o planeta. Ao mesmo tempo, as águas revigorantes do Rio Interior nutrem em mim a esperança de que, por maiores que sejam os desafios, sempre *podemos* nos salvar e curar o mundo. *Podemos* criar e manter condições sociais que permitam às gerações futuras pensar, sentir e ouvir profundamente. É possível deixar um legado de paz e respeito pela vida para aqueles que nos seguirem. Saber nos voltar para dentro e usar a sabedoria e a compaixão mais profunda que podemos encontrar é parte da criação desse legado. Para isso, precisamos quebrar o hábito cultural de sacrificar nossa vida interior a favor de nossa vida exterior, de abrir mão da profundidade em prol da velocidade.

É claro que para essa cura ocorrer precisamos não só dos recursos do Rio Interior como também do apoio recíproco. Quando fazemos o que nos cabe e a situação se torna difícil, às vezes é muito importante para nós ser ouvidas e encorajadas por alguém que entenda e valorize o que estamos fazendo. Toda reunião de duas ou mais pessoas que cultivem a presença, o ato de ouvir profundamente e o respeito mútuo pode oferecer o tipo de apoio de que precisamos para unir nossas forças para o bem do mundo. Nós podemos nos apoiar enquanto tomamos chá ou conversamos durante uma caminhada, em grupos de mães, círculos de cura, comunidades, escolas, grupos religiosos, nosso ambiente de trabalho e nossas comunidades. Podemos nos ajudar a encontrar momentos de silenciosa renovação em nosso mundo apressado. O apoio que damos umas às outras em nosso trabalho interior prepara o caminho para nos unirmos e agirmos coletivamente a fim de proteger, nutrir e celebrar o que consideramos importante.

Espero que os filhos de nossos filhos tenham mais apoio da cultura deles e uns dos outros para desacelerar, voltar-se para dentro e viver de modos que ajudem a manter a vida na Terra. O trabalho que cada uma de nós faz para desacelerar e recorrer ao Rio Interior é parte da criação desse futuro que mantém a vida. Cuidando de nossos eus mais profundos dia após dia, não só obtemos sustento, como também plantamos as sementes de uma alternativa muito necessária para as normas culturais vigentes. Que o nosso trabalho interior possa ser uma bênção e ajudar a criar um mundo mais vivificante, justo e pacífico para nós mesmas, nossos filhos, nosso planeta e nosso futuro.

Registro das vitórias

Comece a registrar suas vitórias, como discutimos no Capítulo 3. Um lembrete: uma vitória é todo passo, não importa o quanto seja pequeno, rumo ao objetivo que você estabeleceu para si mesma. Tomar nota de suas vitórias é um bom modo de fixá-las na consciência como pontos de referência positivos. Quando você estiver se sentindo desanimada ou oprimida, é útil ter provas concretas de escolhas positivas que já fez. Você não precisa se estender muito, a menos que queira. Pequenas anotações são suficientes, como por exemplo:

- *Li os três primeiros capítulos de Recupere sua vida interior esta tarde.*
- *Respirei profundamente três vezes depois de voltar para casa e antes de arrumar as compras do supermercado.*
- *Fiz o exercício de 10Km/h mais devagar... e gostei! Isso me acalmou.*

Que suas vitórias possam ser uma fonte de força e encorajamento!

Notas

Capítulo 1

1. Vi pela primeira vez a expressão "a doença das mil coisas a fazer" ("the disease of a-thousand-things-to-do") em Rice, J., "Why Play?" *Sojourners Magazine*, jan.-fev. 1997, p. 27.
2. A doença cardíaca é a principal causa de morte de mulheres nos Estados Unidos segundo *Making the Grade on Women's Health: A National and State-by-State Report Card 2004*. National Women's Law Center, Washington D.C., e Oregon Health and Science University, Portland, Ore., 2004, p. 224. As mulheres são duas vezes mais propensas do que os homens a ter enxaqueca, segundo Lucas, J., Schiller, J., e Benson, V., *Summary Health Statistics for U.S. Adults: National Health Interview Survey, 2001*. Vital Health Statistics, Series 10, No. 218. Hyattsville, Md.: National Center for Health Statistics, 2004, p. 5.
3. As mulheres são duas vezes mais propensas do que os homens a ficar deprimidas, e os especialistas estimam que uma em cada cinco mulheres terá um episódio depressivo em algum ponto de sua vida, segundo Lombardi, L. "Hooked on Happiness: More Women Are Being Prescribed Anti-Depressants: Are We and Our Doctors Addicted to the Quick Fix for Feeling Good?" *Shape*, maio de 2002 (disponível em http://www.looksmarticeskating.com/p/articles/mi_m0846/is_9_21/ai_84599102).
4. *Substance Abuse and the American Woman*. Nova York: National Center on Addiction and Substance Abuse, Columbia University, jun. 1996.
5. O estudo da Columbia University mencionado na nota 4 apresenta estes números: 21,5 milhões de mulheres nos Estados Unidos são fumantes, 4,5 milhões são alcoólatras ou abusam de álcool, 3,5 milhões usam inadequadamente remédios controlados e 3,1 milhões usam regularmente drogas ilícitas. O consumo crôni-

co de álcool entre as mulheres vem aumentando desde 1999. Das mulheres estudadas, 4,5 por cento foram consideradas consumidoras crônicas — menos do que os homens, mas essa diferença está diminuindo rapidamente.

6. Brach, T. *Radical Acceptance*. Nova York: Bantam Books, 2003, p. 5.
7. Brach, T. *Radical Acceptance*, Nova York: Bantam Books, 203, p. 6.
8. Brach, T. *Radical Acceptance*, Nova York: Bantam Books, 203, p. 3.
9. Brach, T. *Radical Acceptance*, Nova York: Bantam Books, 203, p. 4.
10. Wasserman, D. *Boston Globe*, 24 de abril de 1995 (cartum editorial).
11. Yow, E. "Hurry Up and Relax", *Self*, jul. 1996, p. 38.
12. Remy, M. Gutfeld, G., e Kita, J., "Simplify Your Life", *Prevention*, set. 1997, p. 23.
13. Ventura, M. "The Age of Interruption", *Family Therapy Networker*, jan.-fev. 1995, p. 23.
14. Hallowell, E. "Overloaded Circuits: Why Smart People Underperform", *Harvard Business Review*, jan. 2005, pp. 55-56.
15. Christakis, D. "Early Television Exposure and Subsequent Attentional Problems in Children", *Pediatrics*, abr. 2004, 113(4), 708-713.
16. Barron, J. "The First Angry Man" (entrevista com Sven Birkerts), *Detroit Monthly*, nov. 1994, p. 60.

Capítulo 2

1. Estés, C.P. *Mulheres que correm com os lobos*. Rio de Janeiro: Rocco, 1999.
2. Sarton, M. *Journal of a Solitude*. Nova York: Ballantine Books, 1992, p. 309.
3. Kidd, S.M. *A sereia e o monge*. Rio de Janeiro: Ediouro.
4. Estés, C.P. *Mulheres que correm com os lobos*. Rio de Janeiro: Rocco, 1999.
5. Estés, C.P. *Mulheres que correm com os lobos*. Rio de Janeiro: Rocco, 1999.
6. Estés, C.P. *Mulheres que correm com os lobos*. Rio de Janeiro: Rocco, 1999.
7. Sarton, M. *Journal of a Solitude*, New York: Balantine Books, 1992, p. 89.

Capítulo 3

1. Rechtschaffen, S. *Timeshifting: reorientando o tempo*. Rio de Janeiro: Rocco, 1997.
2. Rechtschaffen, S. *Timeshifting: reorientando o tempo*. Rio de Janeiro: Rocco, 1997.

3. Cameron, J. *Guia prático para a criatividade — o caminho do artista*. Rio de Janeiro: Ediouro, 1996.
4. Ouvi falar pela primeira vez no registro das vitórias em uma conversa com o autor e consultor de negócios Bob Kriegel. Ele o menciona em todos os seus livros. Para mais informações, veja www.kriegel.com.
5. James, W., e James, H. (colaboradores). *The Letters of William James*, v.1. Boston: Atlantic Monthly Press, 1920, p. 47.
6. Ouvi pela primeira vez a expressão "crença bloqueadora" em uma sessão de treinamento em dessensibilização e reprocessamento por meio dos movimentos oculares (EMD, de *eye movement desensitization and reprocessing*), uma técnica de psicoterapia desenvolvida por Francine Shapiro. Para mais informações, veja www.emdria.org.

Capítulo 4

1. Lindbergh, A.M. *Presente do mar*. Belo Horizonte: Crescer, 1997.
2. L'Engle, M. *A Circle of Quiet*. Nova York: Farrar, Straus & Giroux, 1972, p. 4.
3. Lindbergh, A.M. *Presente do mar*. Belo Horizonte: Crescer, 1997.
4. Sarton, M. *After the Stroke: A Journal*. Nova York: Norton, 1988, p. 18.
5. Palmer, P. *The Courage to Teach*. San Francisco: Jossey-Bass, 1998, p. 65.
6. Sarton, M. *Journal of a Solitude*. Nova York: Norton, 1973, p. 81.
7. Bynner, W. *The Way of Life According to Lao Tzu*. Nova York: Capricorn Books, 1944, p. 55.

Capítulo 5

1. Lindbergh, A.M. *Presente do mar*. Belo Horizonte: Crescer, 1997.
2. Mankoff, R. *New Yorker*, 3 maio 1993.
3. Lindbergh, A.M. *Presente do mar*. Belo Horizonte: Crescer, 1997.
4. Covey, S.R. *Os 7 hábitos das pessoas altamente eficazes*. Rio de Janeiro: Best Seller, 2005.
5. Estés, C.P. *Mulheres que correm com os lobos*. Rio de Janeiro: Rocco, 1999.

6. O termo *subpersonalidade* provém do sistema psicológico chamado psicossíntese. A psicossíntese, desenvolvida pelo psiquiatra italiano do início do século XX, Roberto Assagioli, é uma estrutura psicológica integradora que, entre outro aspectos, trabalha com partes interiores ou subpersonalidades em um contexto de totalidade. O modelo de psicossíntese da psique inclui aspectos pessoais e transpessoais ou espirituais da pessoa e busca promover o crescimento pessoal e a autoconsciência como parte do caminho para a cura psicológica e do despertar espiritual. Para mais informações sobre a psicossíntese, visite:
www.synthesiscenter.org
www.psychosynthesispaloalto.com
www.aap-psychosyntesis.org
www.psichosyntesis.org

Capítulo 6

1. O estado de "paralisia" de Jenna é um exemplo de dissociação, um processo mental de se separar do corpo ou de sentimentos, pensamentos ou desejos particulares. A dissociação existe em um contínuo dos momentos dissociativos que todos nós temos (como não ver um retorno enquanto dirigimos porque nossa atenção está em outra parte) à dissociação mais extrema que é usada como um meio de lidar com traumas ou abusos na infância e que pode continuar até a idade adulta. Se você pensa ou sabe que tende à dissociação como um resultado de trauma ou abuso, deve procurar um profissional de saúde mental para ajudá-la a se voltar para os sentimentos difíceis. Para encontrar um terapeuta treinado em sua área, visite o site da Associação Brasileira de Psiquiatria: www.abpbrasil.org.br. Para mais informações, em termos leigos, sobre dissociação e como lidar com ela, veja Napier, N.J., *Getting Through the Day: Strategies for Adults Hurt as Children*. Nova York: Norton, 1993.
2. Chödrön, Pema. *Os lugares que nos assustam*. Rio de Janeiro: Sextante, 2003.
3. Se for a primeira vez que você procura ajuda profissional, pode pedir a uma pessoa de sua comunidade em cujo julgamento confie — um médico de família, conselheiro escolar, pastor, rabino, padre ou amigo — que lhe indique alguém. Você pode encontrar profissionais em outros sites além do mencionado na nota 1.

4. Greenspan, M. *Healing Through the Dark Emotions: The Wisdom of Grief, Fear, and Despair*. Boston: Shambhala, 2003, p. xii.
5. Chödrön, P. *Quando tudo se desfaz*. Rio de Janeiro: Gryphus, 1999.
6. Greenspan, M. *Healing Through the Dark Emotions: The Wisdom of Grief, Fear, and Despair*. Boston: Shambhala, 2003, p. 12.
7. Greenspan, M. *Healing Through the Dark Emotions: The Wisdom of Grief, Fear, and Despair*. Boston: Shambhala, 2003, p. 46.

Capítulo 7

1. Guisewite, C. "Cathy". *San Jose Mercury*, ago. 1993.
2. Lamott, A. *Bird by Bird*. Nova York: Anchor Books, 1995, pp. 28-29.
3. Woodman, M. *O vício da perfeição*. São Paulo: Summus, 2002.
4. Lamott, A. *Plan B: Further Thoughts on Faith*. Nova York: Riverhead Books, 2005, p. 68.
5. Cameron, J. *Guia prático para a criatividade — o caminho do artista*. Rio de Janeiro: Ediouro, 1996.
6. Estés, C.P. *Mulheres que correm com os lobos*. Rio de Janeiro: Rocco, 1999.
7. Woodman, M. *O vício da perfeição*. São Paulo: Summus, 2002.
8. Chödrön Pema. *The Wisdom of No Escape and the Path of Loving-Kindness*. Boston: Shambhala, 1991, pp. 6-7.
9. Salzberg, Sharon. *Lovingkindness: The Revolutionary Art of Happiness*. Boston: Shambhala, 1995, pp. 24-25.
10. Rogers, C. *Tornar-se pessoa*. São Paulo: Martins Fontes, 1997.
11. Chödrön, Pema. *Os lugares que nos assustam*. Rio de Janeiro: Sextante, 2003.
12. Parafraseado de Chödrön, P. *Quando tudo se desfaz*. Rio de Janeiro: Gryphus, 1999.
13. Agradeço a Will Zangwill pela idéia de ouvir uma voz interior perturbadora como se ouvisse a voz do Pato Donald.
14. Agradeço a Rick Carlson e Wayne Dyer pelo dito "Não faça tempestade em copo d'água — e isso é um copo d'água". Veja Carlson, R. *Não faça tempestade em copo d'água*. Rio de Janeiro: Rocco, 1998. [Em seu livro, Carlson o credita a Dyer.]

15. Agradeço a Jay Livingston e Ray Evans pela frase-título de sua canção *Que Será Será*.
16. Agradeço a Tara Brach pela frase "Não há nada de errado", de seu livro *Radical Acceptance*. Nova York: Bantam Books, 2003, p. 75.
17. Lawrence, R.G. "Wabi-Sabi: The Art of Imperfection", *Natural Home*, maio-jun. 2001, parágrafo 1; citado em *Utne Magazine*, set.-out. 2001, p. 48.
18. Lawrence, R.G. "Wabi-Sabi", parágrafo 4; citado em *Utne Magazine*, set.-out. 2001, p. 48.

Capítulo 8

1. Kabat-Zinn, J., *Wherever You Go, There You Are: Mindfulness Meditation in Everyday Life*. Nova York: Hyperion, 1994, p. 176.
2. Dobisz, J., *The Wisdom of Solitude*. San Francisco: HarperSanFrancisco, 2004, pp. 120-21.
3. Kabat-Zinn, J. *Coming to Our Senses*. Nova York: Hyperion, 2005, p. 82.
4. Nhat Hanh, Thich e Vo-Dinh Mai. *The Miracle of Mindfulness: A Manual on Meditation*. Boston: Beacon Press, 1975, pp. 4-5
5. Shellenbarger, S. "Juggling Too Many Tasks Could Make You Stupid". www.CareerJournal.com, 28 fev. 2003.
6. Miller, H. *Trilogia da Crucificação Rosada, Livro 2: Plexus*. São Paulo: Companhia das Letras, 2005.
7. Bhikkhu, A. *Silent Rain*. Redwood Valley: Abhayagiri Buddhist Monastery, 1996, p. 31.
8. Proust, M. *Remembrance of Things Past*. Trad. Moncrieff, C.K.S., e Kilmartin, T. Nova York: Vintage Books, 1982, v. 3, p. 260.
9. Dobisz, J., *The Wisdom of Solitude*, pp. 120-21.
10. M. McDonald, palestra dada na Insight Meditation Society. Barre, Mass., jun. 2004.
11. Oliver, M. *Blue Pastures*. Nova York: Harcourt, Brace, 1995, pp. 1-2.
12. Na parte da Leitura Recomendada "Sobre Praticar a Presença, Concentração e Meditação", veja principalmente as obras de Joseph Goldstein, Larry Rosenberg, Jon Kabat-Zinn ou Roger Walsh para instruções sobre desenvolver a concentração.

13. Thoreau, H. *Walden ou a vida nos bosques*. São Paulo: Ground, 2007.
14. Wilson, G. *New Yorker*, 25 ago. 1980.
15. Walsh, Roger. *Espiritualidade essencial: as sete práticas centrais para despertar coração e mente*. Rio de Janeiro: Qualitymark, 2001.
16. Eu vi esse exercício em *Espiritualidade essencial*, de Robert Walsh, na p. 156.
17. Hass, R. *The Essential Haiku: Versions of Basho, Buson, and Issa*. Nova York: Ecco, 1994, p.11.

Capítulo 9

1. Rice, J. "Why Play?" *Sojourners Magazine*, jan.-fev. 1997, p. 25.
2. Canellos, P.S. "Many Longing for Clintonesque Leisure". *Boston Globe*, 18 ago. 1997, pp. A1, A8.
3. Galinsky, E., Bond, J., Kim, S., Backon, L., Browfield, E. e Sakai, K. *Overwork in America: When the Way We Work Becomes Too Much*. Nova York: Families and Work Institute, 2004. O sumário executivo desse estudo está disponível em www.familiesandwork.org. Ele também mostrou que 28 por cento das mulheres empregadas no estudo não recebiam férias remuneradas, um fato que aumentaria sua dificuldade em encontrar tempo para diversão.
4. Peterson, B. *Nature and Other Mothers*. Nova York: Balantine Books, 1995, p. 163.
5. Peterson, B. *Nature and Other Mothers*. Nova York: Balantine Books, 1995, p. 166.
6. Peterson, B. *Nature and Other Mothers*. Nova York: Balantine Books, 1995, p. 167.
7. Cameron, J. *Guia prático para a criatividade — o caminho do artista*. Rio de Janeiro: Ediouro, 1996.

Capítulo 10

1. Merton, T. *The Sign of Jonas*. Nova York: Harcourt, 2002.
2. Ziegler, J. *New Yorker*, 4 nov. 2002.
3. Weber, R. *New Yorker*, 27 mar. 1995.
4. Em uma pesquisa de cem professores em seis universidades, a grande maioria não lia mais tanto ou tão profunda e reflexivamente quanto costumava fazer ou

gostaria. Quando lhes foi perguntado qual era o possível efeito disso em seus alunos, eles fizeram comentários como estes: "Meus alunos perderam a capacidade de se expressar e articular em sua escrita... Simplesmente não há profundidade em sua leitura e em seu 'O que faço com todo esse material? Como me concentro?'" Veja Menzies, H. "Dumbled Down on Campus Bit by Bit: Are PCs Making Professors More Absent-minded?" *Toronto Star*, 1º maio 2005, p. D-1.

Para mais informações, veja o livro de Heather Menzies *No Time: Stress and the Crisis of Modern Life*. Vancouver: Doublas & McIntyre, 2005.

5. Para saber mais sobre trabalhar com a dor e o desespero com o estado do mundo, veja o livro de Joanna Macy, *Despair and Personal Power in the Nuclear Age*. Philadelphia: New Society, 1983. Esse livro descreve seu trabalho inovador sobre desespero e delegação de poderes.
6. Jobs, S. Discurso para os formandos, Stanford University, 12 de junho de 2005.
7. Gladwel, M. *O Ponto de desequilíbrio: como pequenas coisas podem fazer uma grande diferença*. Rio de Janeiro: Rocco, 2002.
8. Lindbergh, A.M. *Presente do mar.* Belo Horizonte: Crescer, 1997.
9. Não sei a origem da referência à "mãe ursa". Ela foi usada por Elizabeth Sawen, do Sustainability Institute (www.sustainabilityinstitute.org), Christiane Northrup (www.drnorthrup.com), Jean Shinoda Bolen (www.jeanbolen.com) e a Anne Yeomans, psicoterapeuta e fundadora do Women's Well (www.womenswell.org) como um modo de descrever o instinto feroz das mulheres de proteger os filhos e outros seres vulneráveis quando estão em perigo e um convite a que elas assumam o corajoso e firme compromisso de reequilibrar as qualidades masculinas e femininas na Terra.

Leitura recomendada

Sobre o poder da cultura de 24/7

Burns, Leland Smith. *Busy Bodies: Why Our Time-Obsessed Society Keeps Us Running in Place.* Nova York: Norton, 1993.

Gleick, James. *Faster: The Acceleration of Just About Everything.* Nova York: Vintage, 2000.

Honoré, Carl. *Devagar — como um movimento cultural está desafiando o culto da velocidade.* Rio de Janeiro: Record, 2006.

Lara, Adair. *Slowing Down in a Speeded-Up World.* Berkeley: Conari Press, 1994.

Menzies, Heather. *No Time: Stress and the Crisis of Modern Life.* Vancouver: Douglas & McIntyre, 2005.

Sobre desacelerar e alcançar o equilíbrio na vida diária

Bender, Sue. *O sagrado cotidiano.* São Paulo: Paulinas.

Eyre, Richard M., e Linda Eyre. *Lifebalance: Priority Balance, Attitude Balance, Goal Balance in All Areas of Your Life.* Nova York: Ballantine Books, 1988.

Moore, Thomas. *A emoção de viver a cada dia: a magia do encantamento.* Rio de Janeiro: Ediouro, 1998.

Rechtschaffen, Stephan. *Timeshifting: reorientando o tempo.* Rio de Janeiro: Rocco, 1997.

St. James, Elaine. *Simplicidade interior.* São Paulo: Mandarim, 1996.

St. James, Elaine. *Living the Simple Life: A Guide to Scaling Down and Enjoying More*. Nova York: Hyperion, 1996.

Swenson, Richard A. *Margin: Restoring Emotional, Physical, Financial and Time Reserves*. Colorado Springs: NavPress, 2004.

Sobre manter um diário

Baldwin, Christina. *Life's Companion: Journal Writing as a Spiritual Quest*. Nova York: Bantam Books, 1991.

Baldwin, Christina. *One to One: Self-Understanding Through Journal Writing*. Nova York: M. Evans, 1991.

Leia também sobre a prática de escrever "páginas matinais" no *Guia prático para a criatividade — o caminho do artista* e *Criatividade — a mina de ouro*, relacionados na seção "Sobre a criatividade e fazer algo que você ama".

Sobre a introspecção

André, Rae. *Positive Solitude: A Practical Program for Mastering Loneliness and Achieving Self-Fulfillment*. Nova York: HarperCollins, 1991.

Cooper, David A. *Silence, Simplicity and Solitude: A Complete Guide to Spiritual Retreat*. Woodstock: SkyLight Paths, 1999.

Dowrick, Stephanie. *Intimacy and Solitude: Balancing Closeness and Independence*. Nova York: Norton, 1991.

Louden, Jennifer. *The Woman's Retreat Book: A Guide to Restoring, Rediscovering and Reawakening Your True Self — In a Moment, an Hour, a Day, or a Weekend*. San Francisco: HarperSanFrancisco, 2005.

Taylor, Barbara E. *Silence: Making the Journey to Inner Quiet*. Philadelphia: Innisfree Press, 1997.

Relatos de mulheres sobre retiro ou introspecção

Anderson, Joan. *Um ano junto ao mar: pensamentos de uma mulher inacabada*. São Paulo: Arx, 2001.
Bender, Sue. *Plain and Simple: A Woman's Journey to the Amish*. San Francisco: HarperSanFrancisco, 2004.
Koller, Alice. *Na Unknown Woman: A Journey to Self-Discovery*. Nova York: Holt, Rinehart & Winston, 1981.
Sarton, May. *Journal of a Solitude*. Nova York: Norton, 1973.

Sobre aceitar os sentimentos

Bennett-Goleman, Tara. *Alquimia emocional*. Rio de janeiro: Objetiva, 2001.
Brach, Tara. *Radical Acceptance: Embracing Your Life with the Heart of a Buddha*. Nova York: Bantam Books, 2003.
Chödrön Pema. *The Wisdom of No Escape and the Path of Loving-Kindness*. Boston: Shambhala, 1991.
Chödrön, Pema. *Comece onde você está*. Rio de Janeiro: Sextante, 2003.
Chödrön, Pema. *Quando tudo se desfaz*. Rio de Janeiro: Gryphus, 1999.
Chödrön, Pema. *Os lugares que nos assustam*. Rio de Janeiro: Sextante, 2003.
Greenspan, Miriam. *Healing Through the Dark Emotions: The Wisdom of Grief, Fear, and Despair*. Boston: Shambhala, 2003.
Macy, Joanna. *Despair and Personal Power in the Nuclear Age*. Philadelphia. New Society, 1983.
Moore, Thomas. *Care of the Soul: A Guide for Cultivating Depth and Sacredness in Everyday Life*. Nova York: Walker, 1993.
Nelson, John E. e Andrea Nelson. *Sacred Sorrows: embracing and Transforming Depression*. Nova York: Putnam, 1996.

Sobre moderar suas expectativas sobre si mesma

Brach, Tara. *Radical Acceptance: Embracing Your Life with the Heart of a Buddha*. Nova York: Bantam Books, 2003.

Chödrön Pema. *The Wisdom of No Escape and the Path of Loving-Kindness*. Boston: Shambhala, 1991.
Chödrön, Pema. *Comece onde você está*. Rio de Janeiro: Sextante, 2003.
Chödrön, Pema. *Os lugares que nos assustam*. Rio de Janeiro: Sextante, 2003.
Chödrön, Pema. *Quando tudo se desfaz*. Rio de Janeiro: Gryphus, 1999.
Kushner, Harold S. *How Good Do We Have to Be? A New Understanding of Guilt and Forgiveness*. Boston: Little, Brown, 1996.
Ladner, Lorne. *The Lost Art of Compassion*. San Francisco: HarperSanFrancisco, 2004.
Salzberg, Sharon. *Lovingkindness: The Revolutionary Art of Happiness*. Boston: Shambhala, 1995.
Woodman, Marion. *O vício da perfeição*. São Paulo: Summus, 2002.

Sobre praticar a presença, concentração e meditação

Beck, Charlotte Joko e Steve Smith. *Sempre zen*. São Paulo: Saraiva, 1991.
Boorstein, Sylvia. *É mais fácil do que você pensa*. São Paulo: Pensamento-Cultrix, 1997.
Goldstein, Joseph. *Ten Practice of Freedom*. Boston: Shambhala, 2003.]
Goldstein, Joseph e Jack Kornfield. *The Path of Insight Meditation*. Boston: Shambhala, 1995.
Kabat-Zinn, Jon. *Coming to Our Senses: Healing Ourselves and the World Through Mindfulness*. Nova York: Hyperion, 2005.
Kabat-Zinn, Jon. *Wherever You Go, There You Are: Mindfulness Meditation in Everyday Life*. Nova York: Hyperion, 2005.
Kabat-Zinn, Jon. *Full Catastrophe Living: Using the Wisdom of Your Body and Mind to Face Stress, Pain, and Illness*. Nova York: Delta, 1990.
Levine, Stephen. *Um despertar gradual*. São Paulo: Pensamento-Cultrix, 1991.
Nhat Hanh, Thich. *Momento presente, momento maravilhoso*. Rio de Janeiro: Sextante, 2004.
Nhat Hanh, Thich. *Paz a cada passo*. Rio de Janeiro: Rocco, 1996.
Nhat Hanh, Thich e Rachel Neumann. *Being Peace*. Berkeley: Parallax, 2005.

Nhat Hanh, Thich e Vo-Dinh Mai. *The Miracle of Mindfulness: A Manual on Meditation*. Boston: Beacon Press, 1975.

Rosenberg, Larry e David Guy. *Breath by Breath: The Liberating Practice of Insight Meditation*. Boston: Shambhala, 1998.

Walsh, Roger. *Espiritualidade essencial: as sete práticas centrais para despertar coração e mente*. Rio de Janeiro: Qualitymark, 2001.

Sobre praticar a presença e criar filhos

Doe, Mimi. *Busy but Balanced: Practical and Inspirational Ways to Create a Calmer, Closer Family*. Nova York: St. Martins Griffin, 2001.

Kabat-Zinn, Myla e Jon Kabat-Zinn. *Everyday Blessings: The Inner Work of Mindful Parenting*. Nova York: Hyperion, 1997.

Napthali, Sarah. *Buddhism for Mothers: A Calm Approach to Caring for Yourself and Your Children*. Crows Nest, N.S.W. Austrália: Allen & Unwin, 2003.

Sobre criatividade e fazer algo que você adora

Beck, Martha. *Finding Your Own North Star: Claiming the Life You Were Meant to Live*. Nova York: Crown, 2001.

Bennett, Hal Zina e Susan J. Sparrow. *Follow Your Bliss*. Nova York: Avon Books, 1990.

Cameron, Julia. *Guia prático para a criatividade — o caminho do artista*. Rio de Janeiro: Ediouro, 1996.

Cameron, Julia. *Criatividade — a mina de ouro*. Rio de Janeiro: Ediouro: 2004.

Sher, Barbara e Barbara Smith. *Eu poderia fazer qualquer coisa*. Rio de Janeiro: Objetiva, 1996.

Wakefield, Dan. *Creating from the Spirit: Living Each Day as a Creative Act*. Nova York: Ballantine Books, 1996.

Sobre mudança em nossa cultura e para nosso futuro

Bolen, Jean Shinoda. *Urgent Message from Mother: Gather the Women, Save the World*. York Beach: Conari Press, 2005.

Durning, Alan Thein. *How Much is Enough? The Consumer Society and the Future of the Earth*. Nova York: Norton, 1992.

Flinders, Carol L. *The Values of Belonging: Rediscovering Balance, Mutuality, Intuition, and Wholeness in a Competitive World*. San Francisco: HarperSanFrancisco, 2002.

Freed, Rachael. *Women's Lives, Women's Legacies: Passing Your Beliefs and Blessings to Future Generations: Creating Your Own Spiritual-Ethical Will*. Minneapolis: Fairview Press, 2003.

Freed, Rachael. *The Women's Legacies Workbook for the Busy Women: Breaking the Silence: Weaving Blessings and Words of Wisdom for Future Generations*. Minneapolis: Minerva Press, 2005.

Macy, Joanna e Molly Young Brown. *Coming Back to Life: Practices to Reconnect Our Lives, Our World*. Stony Creek: New Society, 1998.

Wachtel, Paul L. *The Poverty of Affluence: A Psychological Portrait of the American Way of Life*. Philadelphia: New Society, 1989.

Principalmente para as mulheres

Christ, Carol P. *Diving Deep and Surfacing: Women Writers on Spiritual Quest*. Boston: Beacon Press, 1980.

Domar, Alice D. e Henry Dreher. *Healing Mind, Healthy Woman: Using the Mind-Body Connection to Manage Stress and take Control of Your Life*. Nova York: Henry Holt, 1996.

Domar, Alice D. e Henry Dreher. *Self-Nurture: Learning to Care for Yourself as Effectively as You Care for Everyone Else*. Nova York: Viking Press, 2000.

Duerk, Judith. *Circle of Stones: Women's Journey to Herself*. Makawao: Inner Ocean, 2004.

Duerk, Judith. *I Sit Listening to the Wind: Women's Encounter Within Herself*. Makawao: Inner Ocean, 2005.

Estés, C.P. *Mulheres que correm com os lobos*. Rio de Janeiro: Rocco, 1999.
Firman, Julie e Dorothy Firman. *Filhas e mães*. São Paulo: Landscape, 2005.
Flinders, Carol. *At the Root of This Longing: Reconciling a Spiritual Hunger with a Feminist Thirst*. San Francisco: HarperSanFrancisco, 1998.
Hirsch, Kathleen. *A Sabbath Life: A Woman's Search for Wholeness*. Nova York: North Point Press, 2001.
Lindbergh, A.M. *Presente do mar*. Belo Horizonte: Crescer, 1997.
Louden, Jennifer. *Comfort Secrets for Busy Women: Finding Your Way When Your Life Is Overflowing*. Naperville: Sourcebooks, 2003.
Van Steenhouse, Andrea e Doris A. Fuller. *A Woman's Guide to a Simpler Life*. Nova York: Three Rivers Press, 1997.
Woodman, Marion, com Jill Melnick. *Coming Home to Myself: Reflections for Nurturing a Woman's Body and Soul*. Berkeley: Conari Press, 2001.

Sobre psicossíntese

Assagioli, Roberto. *Psicossíntese: manual de princípios e técnicas*. São Paulo: Pensamento-Cultrix, 1997.
Brown, Molly Young. *Whole: Self-Realization on an Endangered Planet*. Nova York: HarperCollins, 1993.
Ferrucci, Piero. *O que podemos vir a ser*. São Paulo: Totalidade, 2007.
Firman, John e Ann Gila. *Psychosynthesis: A Psychology of the Spirit*. Albany: State University of New York Press, 2002.
Gordon, Richard. *A Psychosynthesis Primer: The Path to the Self*. Autopublicado, Seattle, 1991.
Weiser, John e Thomas Yeomans (eds.). *Psychosynthesis in the Helping Professions: Now and in the Future*.
Weiser, John e Thomas Yeomans (eds.). *Readings in Psychosynthesis: Theory, Process and Practice*.

Os títulos na categoria Psicossíntese podem ser encomendados em www.synthesiscenter.org. Na Europa, visite www.psychosynthesis.org.

Outras leituras recomendadas

Amaro Bhikkhu. *Silent Rain*. Redwood Valley: Abhayagiri Buddhist Monastery, 1996.

Cousineau, Phil e Eric Lawton. *The Soul Aflame: A Modern Book of Hours*. Berkeley: Conari Press, 1999.

Covey, Stephen R. *Os 7 hábitos das pessoas altamente eficazes*. Rio de Janeiro: Best Seller, 2005.

Hilsinger, Serena S. e Lois Brynes (eds.). *The Selected Poems of May Sarton*. Nova York: Norton, 1978.

Kristan, Pamela. *The Spirit of Getting Organized: 12 Skills to Find Meaning and Power in Your Stuff*. Boston: Red Wheel, 2003.

Lamott, Anne. *Bird by Bird: Some Instructions on Writing and Life*. Nova York: Anchor Books, 1995.

Lammott, Anne. *Plan B: Further Thoughts on Faith*. Nova York: Riverhead Books, 2005.

Merton, Thomas. *Na liberdade da solidão*. Petrópolis: Vozes, 2001.

Oliver, Mary. *New and Selected Poems*. Boston: Beacon Press, 1992.

Palmer, Parker J. *A Hidden Wholeness: The Journey Toward an Undivided Life*. San Francisco: Jossey-Bass, 2004.

Remen, Rachel Naomi. *Histórias que curam — conversas sábias ao pé do fogão*. São Paulo: Agora, 1998.

Remen, Rachel Naomi. *As bênçãos do meu avô*. Rio de Janeiro: Sextante, 2001.

Richardson, Cheryl. *Take Time for Your Life: A Personal Coach's Seven-Step Program for Creating the Life You Want*. Nova York: Broadway Books, 1998.

Rumi, Jalal Al-Din. *The Illuminated Rumi*. (Coleman Barks, trad.; Michael Green, ilus.). Nova York: Broadway Books, 1997.

Sarton, May. *Selected Poems of May Sarton*. Nova York: Norton, 1978.

Steindl-Rast, Irmão David. *Gratefulness, the Heart of Prayer: An Approach to Life in Fullness*. Nova York: Paulist Press, 1984.

Thoreau, Henry D. *Walden ou a vida nos bosques*. São Paulo: Ground, 2007.

Yeomans, Thomas. *On Earth Alive*. Concord: Morning Star Press, 2000.

A autora

Abby Seixas é psicoterapeuta em clínica particular há mais de 25 anos, trabalhando como consultora e supervisora de psicoterapia clínica em centros de treinamento nos Estados Unidos e no exterior, inclusive na Inglaterra, nos Países Baixos e na Rússia. Nos últimos vinte anos, concentrou-se em ajudar as mulheres a aprenderem a arte de desacelerar em palestras públicas, retiros, workshops, treinamento individual e seus grupos populares do Rio Interior, Touching the Deep River™. Ela é mãe de dois filhos adultos e vive com o marido perto de Boston, Massachusetts.

Índice remissivo

A
A *Circle of Quiet* (L'Engle), 53
Abertura, 74
Abuso de drogas e outras substâncias, 4, 204n6
Aceitação: ter uma atitude de, 96, 97; e mudança, 123-26; descobrir a voz da, 132; poder da, 121-123
Aceitar os sentimentos: crenças que nos impedem de, 99-102; benefícios de, 107; conclusão sobre, 107; breve descrição de, 27; exercícios para, 102-107; voltando-se para um sentimento difícil, 103-106; e sentimentos "positivos" perturbadores, 98-99; significado de, 95-98, no momento, 106-107; para fazer uma diferença, 185; visão geral de, 89-90; e a prática da presença, 143-144; motivos para, 90-92; como por exemplo o medo, 92-95
Admiração infantil, 141
Adorar fazer algo e fazê-lo. *Veja* Fazer algo que você adora
Ajuda profissional, buscando, 84, 96, 207n3
Alcoolismo e outras obsessões, 158-159
Alegria: no processo, 163; poder renovador da, 156-158. *Veja também* Fazer algo que você adora
Alinhamento do interior com o exterior, 160-161, 168
Alocação de tempo, 167

Alunos e professores universitários, efeito da falta de leitura profunda e reflexiva por parte de, 182, 210-211n4
Amizade incondicional. *Veja* Aceitação
Amor de "mãe ursa", 190, 211n9
Amor, poder do, 190, 211n9
Amor-próprio, 73
Aparelhos para economizar tempo, problema com os, 9-10
Apoio cultural, esperança de, 191
Apoio e força, 33-35, 190-191
Apple Computer, 183
Apreciação, 141, 142
Artigo de revista "Hurry Up and Relax", 9
Associações positivas, criando, 63-64
Atenção ao momento presente. *Veja* Praticar a presença
Atenção plena, momentos de, 151-152
Auto-aceitação: grau de, 166; poder da, 121, 122, 123; decisão de se aceitar, 7. *Veja também* Aceitação.
Auto-aperfeiçoamento: e aceitação, 124-125; exagerado, 7; busca interminável por, 112-113
Autocuidado, além do: mantendo o Rio Interior fluindo para o futuro, 190-91; fazendo uma diferença, 184-188; para nosso futuro, 180-182; para nossos relacionamentos, 178-180; em nosso papel como mulheres, 188-190,

visão geral, 1771-178; e o que está em jogo, 182-184
Automedicação, 4

B
Barks, C., 155, 160
Basho, 154
Bhikkhu, A., 140
Bird by Bird (Lamott), 113
Birkerts, 12
Boston Globe, 159
Brach,T., 6-7
Budismo, 53, 96, 122, 142
Busca de equilíbrio, 70, 158. *Veja também* Desequilíbrio

C
Cameron, J., 36-37, 115, 169, 197
Caminhada, benefícios da, 57-58,60
Característica do déficit de atenção, 11
Carnegie Mellon University, 138
Chamado único, 185-186
Chödrön,P., 95, 97, 109, 118, 121,124-125
Clareza, ver com, 123
Colagem, exercício de fazer uma, 171
Compaixão, 74, 107, 122, 124, 179, 182, 188, 189
Concentração, 145
Confundir excelência com paixão, 162-163
Consciência da lista, 137, 141
Consciência: das forças culturais, 31-33; falta de consciência de nossas paixões, 164-165; ter mais, 139-47. *Veja também* Praticar a presença
Contexto econômico, 184
Covey, S., 77,78
Crença bloqueadora das pessoas que agradam aos outros, 81-82
Crenças bloqueadoras: sobre o tempo, exercício de ir além das, 44-45; e aceitação dos sentimentos, 99-102; descritas, 41-42; e fazer algo que você adora, 167-169; sobre escrever um diário, 46; e estabelecer limites, 81-82; uma das mais comuns, 40, 42-44; como parte de uma sessão de treinamento, 205n6 (Cap. 3); e praticar a presença, 148-149; e a introspecção, 62-64; e moderar as expectativas sobre si mesma, 126-129
Crianças: benefícios para as, 180-182; esgotamento em, 181; guiar as, 183-184, 188; esperança para as, 191

Crise, como um caminho para o Rio Interior, 25
Crise, como um caminho, 24
Cristianismo, 53
Culpar-se, crença subjacente à falácia de, 5-8
Cultura de ritmo rápido. *Veja* Cultura de velocidade
Cultura de velocidade: e a capacidade de ter acesso ao Rio Interior, 22, 23; limites necessários para compensar a, 75; combinada com a lista, 137; e seu efeito sobre as crianças, 181; ambiente criado pela, 8-10; e os relacionamentos, 180; e praticar a presença, 138; necessidade de questionar e se opor à, 184; reconhecendo o poder da, 31-33
Cultura japonesa, 131
Cura psicológica, parte do caminho para a, 206n6

D
Depressão, 4, 42, 164, 203n3
Desaceleração: em benefício dos relacionamentos, 180; no contexto de nossa economia, 184; no Diagrama do Rio Interior, 22; exercícios para a, 13, 23; medo da, 89; como chave, 23-25; por nossos filhos, 181-182; e praticar a presença, 139-140; ferramentas que têm uma relação recíproca com a, 27; mudança no modo de pensar sobre a, 33-34; e o que está em jogo, 182
Descanso, necessidade de, 26
Descartes, filosofia de, 101
Descubra seu delimitador interno, 82-84
Desequilíbrio: entre qualidades femininas e masculinas, 189; vida de, 8
Desordens neurológicas, 10-11
Despertar espiritual, parte do caminho para o, 206n6
Dessensibilização e reprocessamento por meio dos movimentos oculares (EMD, de *eye movement desensitization and reprocessing*), 205n6 (Cap. 3)
Diagrama do Rio Interior, setas ao redor do, 25-26; centro do, 23; desenvolvimento do, 21; elementos no, 15; ilustração do, 22; linhas radiosas no, 27
Diário e crenças bloqueadoras, 43; como um amigo, 35-38; exercício de escrever no, 45-47; benefícios do, 58-59; e nossos relacionamentos, 179; como parte de um ritual matutino, 60; para praticar estabelecer limites, 85-87. *Veja também* Registro das vitórias
Diário, como um amigo, 35-38

Dissociação, 93-94, 206-207n1
Distração, cultura de, 10-11, 22, 75, 90
Dobisz, J., 134, 142
Doença cardíaca, 4, 203n2
Doença das mil coisas a fazer. *Veja* Experiência da vida como lista de coisas a fazer

E
Entendimento, 123
Entrainment (arrastamento), 32-33
Enxaqueca, 4, 203n2
Escolha, como uma chave, 76, 118, 146
Esgotamento em crianças, 181
Esperança, encontrada na possibilidade de mudança, 190-91
Espiritualidade, lar da, 115
Espontaneidade, haver espaço para a, 114
Delimitador interno, descobrindo seu, 82-84
Estabelecer limites e a prática da presença, 145-146
Estabelecer limites: crenças que nos impedem de, 81-82; benefícios de, 73-74; conclusão sobre, 86-87; breve descrição de, 27; exercício baseado em, 152-153; exercício para praticar, 84-87; exercício para ajudar a, 82-84; e encontrar alegria, 71-72; importância de, 56; e mantê-los, 80; muitas outras oportunidades de, 74-77; e praticar a presença, 144-146; a fim de praticar a introspecção, 77-81; para muitas coisas boas, 77
Estado de paralisia, 93-94, 206-207n1
Estés, C.P., 15, 16, 19, 20, 21, 81, 115
Estratégia de sobrevivência, 164
Exercício "A lista das coisas que eu fiz", 12
Exercício da câmera imaginária, 153-154
Exercício de comer uma passa, 149-151
Exercício de respiração, 102-103
Exercício do "deveria" para o "poderia", 129-131
Expectativas familiares, 111-112, 113
Expectativas: em relação ao futuro e a prática da presença,142-143; modos de ter, 127-129, modos de identificar, 126-127; conhecer as origens das, 111-113. *Veja também* moderar as expectativas sobre si mesma
Experiência da vida como lista de coisas a fazer: e cultura, 8-12; exercícios para neutralizar a, 12-13; visão geral da, 3-5; e culpa, 5-8. *Veja também* Lista de coisas a fazer.

Experiências da infância: fazendo as pazes com as, 166; relembrando as, 24-25, 29, 92, 111-112, 115-116; registrando as, 35, 63; estratégia de sobrevivência surgida das, 164

F
Families and Work Institute, 159
Faça algo que você adora, prática de. *Veja* Faça algo que você adora
Fazer algo que você adora: crenças que impedem você de, 167-169; conclusão sobre, 172-173; conexão entre seu próprio ser e, 160-162; arranjar tempo para, 172; breve descrição de, 27; exercícios envolvendo, 169-172; obstáculos a, 162-166; visão geral de, 155-156; e o problema do alcoolismo e de outras obsessões, 158-159; o poder renovador da alegria de, 156-158
Fazer as pazes com as emoções. *Veja* Aceitar os sentimentos
Férias remuneradas, 159, 210n3 (Cap. 9)
Focar menos no exterior e mais no interior, 15-17, 22
Foco, 145; focar menos no exterior e mais no interior, 15-17, 22; foco limitado e expandido, 59
Força de trabalho, mulheres na, 159
Força e apoio, 33-35, 190-191
Forças armadas americanas, 187, 188
Futuro que mantém a vida, 191
Futuro: nossa esperança para o, 190, 191; impacto no, 180-182

G
Ganhar energia e tempo, 168
Gladwell, M., 184
Goethe, 69
Grandes vitórias através de pequenos passos, 38-41, 46, 64, 132
Gratidão, 74, 141, 186
Greenspan, M., 89, 97, 98,99
Guia prático para a criatividade — o caminho do artista (Cameron), 36, 169
Guisewite, C., 111
Gutenberg Elegies Birkerts, 12

H
Hábito cultural, quebrando o, 190
Hallowell, E., 10-11

Healing Through the Dark Emotions (Greenspan), 89, 97
Hinduísmo, 53
História arquétipa, 19-20
História da mulher-foca, 19-20
Humor, senso de, 111

I
I Love Lucy, seriado de TV, 121
Ideal da supermulher promovido pela sociedade, 112, 113
Identificar os sentimentos, 72, 84, 93
Ilusão, 186
Influências culturais: na capacidade de ter acesso ao Rio Interior, 22, 23; e aceitar os sentimentos, 90; limites necessários para compensar as, 75; e fazer algo que você adora, 159, 167; ambiente criado por, 8-12; em nossos filhos, 181, em nossos relacionamentos, 180; reconhecendo o poder das, 31-32; necessidade de questionar e se opor às, 184, e a introspecção, 55; e moderar as expectativas, 112,-113, 121
Intervalo, 51
Introspecção: crenças que nos impedem de praticar a, 62-64; breve descrição da, 27; e resiliência emocional, 107; exercício, 64-67; benefícios e exemplos, 56-62; arranjando tempo para a, 64-67; obstáculos à, 54-56; e nosso chamado único, 185-186; visão geral da, 51-52; e praticar a presença, 146-147; programando a, 79-81; modos de praticar a, 52-54
Ioga: e o crítico interno, 116; ressurgimento da, 8
Irã,187, 188
Islamismo, 53

J
James, W., 41, 70
Jobs, S., 183
Journal of a Solitude (Sarton), 26
Judaísmo, 53
Just, M., 138

K
Kabat-Zinn, J., 134, 135, 149

L
Lamott, A., 113, 115
Lao Tzu, 67
Lawrence, R.G., 131
Legado, deixando um, 190
L'Engle, M., 53
Lindbergh, A.M., 51, 54, 70, 77, 189
Lista de coisas a fazer: atividades deixadas fora da, 79; crença sobre fazer tudo da, 167-169; exercício para neutralizar a, 12; e diário, 36; menos opressiva, 158; e estabelecimento de limites, 75; tirania da, 5, 137. *Veja também* Experiência da vida como lista de coisas a fazer
Listas de coisas a fazer. *Veja* Lista de coisas a fazer
Lucy (personagem), 121

M
Mankoff, R., 74-77
Matriz de avaliação do tempo, 77-79
Maturidade, 155-156
McDonald, M., 144
Medicação prescrita, 4
Meditação: e aceitação, 96; explicando para as crianças a, 80-81; benefícios da, 58-59; razão da incapacidade de meditar com constância, 95; e o crítico interno, 116; e nossos relacionamentos, 179; como parte de um ritual matutino, 60; e praticar a presença, 149; ressurgimento da, 8; e o estabelecimento de um objetivo, 33
Merton, T., 178, 179
Miller, H., 141
Mitologia grega, 115
Mixter, B.A., 153
Moderar as expectativas sobre si mesma: perguntando "Quem disse?", 117-118; crenças que nos impedem de, 126-129; breve descrição de, 27; e fazer algo que você adora, 166; exercícios para, 129-132; relaxando, 118-120; visão geral de, 109-111; e praticar a presença, 142-143; questionando as expectativas, 117-120; reconhecendo as vozes interiores, 113-117; e as origens das expectativas, 111-113; aceitando as coisas como são, 120-126
Modo de pensar sobre a desaceleração, mudança no, 33-34
Modo reativo, 70, 72, 79
Movimento Slow Food, 35
Movimento Take Back Your Time, 35, 159
Mudança no modo de pensar sobre a desaceleração, 33-34

ÍNDICE REMISSIVO 235

Mudança: aceitação e, 123-126; em larga escala, 184-188; abordagem mais eficaz da, 39; e a natureza dos sentimentos, 144; encontrar esperança na possibilidade de, 190-191; papel das mulheres na, 188-190
Mulheres que correm com os lobos (Estés), 15, 81
Mulheres: definidas nos relacionamentos, 55; nosso papel como, 188-190; criação das, 156; na força de trabalho, 159
Multitarefa: crianças e, 181; lado negativo da, 137-139, problema da, 11, 12

N
Natural Home, 131
Nature and Other Mothers (Peterson), 13
"New Science of Mind and Body, The", 8
New Yorker, 181

O
O vício da perfeição (Woodman), 113-114
Obituário, 160
Obsessão da cultura por trabalho, 159-167
Obsessões, 158-159
Ocupação mental. *Veja também* Praticar a presença, 149
Olhar wabi-sabi, 131
Olhar wabi-sabi, 131
Oliver, M., 145
Organizadora profissional, 5
Ouvir profundamente: levar nossas crianças a, 188; os outros, 182-183; nós mesmas, 182, 183-184, 186

P
Paixão, confundir excelência com, 162-163
Paixões: pouca consciência das, 164-165; papel do crítico interno em nossa desistência das, 165-166; exercícios para identificar, 169-171; fazer uma colagem de suas, 171. *Veja também* Fazer algo que você adora.
Palmer, P., 56
Paradoxo, 94, 123, 178, 185
Pascal, B., 177
Passos de fada, 86-87
Paz a cada passo (Thich Nhat Hanh), 133
Paz, deixar um legado de, 190-191
Pensamentos, (Pascal), 177
Pensar profundamente, 182, 183, 188, 210, 211n4

Pequenos passos, grandes vitórias através de, 38-41, 46, 64, 132
Perfeccionismo, reconhecendo a voz do, 113-115
Peterson, B., 163
Poder renovador de fazer algo apenas por prazer, 156-158. *Veja também* Fazer algo que você adora
Praticar a presença: e aceitar os sentimentos, 143-144; crenças que nos impedem de, 148-149; conclusão sobre, 154; breve descrição de, 27; e o lado negativo da multitarefa, 137-139; exercícios para, 149-154; e estabelecer limites, 144-146; e os relacionamentos, 179; visão geral de, 133-137; exercício simples para, 138-139; passos para, 147-148; e moderar as expectativas sobre si mesma, 142-143; e entrar em contato com o Rio Interior, 139-142; e a tirania da lista, 137; e o que está em jogo, 183-184
Práticas: centrais para ter acesso ao Rio Interior, 22, 27; preliminares, 27-28, 31-47 *Veja também* Práticas específicas
Presente do mar (Anne Morrow Lindbergh), 51
Presente eterno, 140-41
Prioridades culturais, contribuindo para mudar as, 185
Privacidade, questão da, 46
Problema, soluções que são parte do, 9, 15
Problemas emocionais, 4, 181
Problemas físicos, 4, 181
Problemas mentais, 10-11, 138, 181
Processo, alegria no, 163
Professores e alunos universitários, efeito da falta de leitura profunda e reflexiva por parte de, 182, 210-211n4
Programa Mindfulness Based Stress Reduction, 149
"Prophets of a Future Not Our Own" ("The Romero Prayer") (Untener), 31
Proust, M., 141
Pseudo-TDA, 11

Q
Quadrante , 78, 79
Quadrante I, 77, 78
Quadrante II, 78, 79, 80
Quadrante III, 78
Qualidades femininas, 189-190

Qualidades masculinas, 189
Quando tudo se desfaz (Chödrön), 109

R
Radical Acceptance (Brach), 6-7
Rechtshaffen, S., 32-33
Reconhecimento, 123
Registro das vitórias, 37-38, 47, 107, 193-201, 205n4 (cap. 3)
Relacionamentos: benefícios para os, 178-180; mulheres definidas nos, 55
Relaxamento: aspectos do, 118-120; exercícios envolvendo o, 120-132; importância do, 110; de fora para dentro, 158; sugestões para o, 127-129. *Veja também* Moderar as expectativas sobre si mesma
Resiliência emocional, 107
Responsabilidades, assumir, 155-156
Retiro solitário, renovação através do, 53, 54, 64, 134, 147, 178. *Veja também* Introspecção
Revista *Newsweek*, 8
Revista *Time*, 8
Rice, J., 156
Rio Interior: práticas para ter acesso ao, 27-28; ancorar-se no, 186-188; mergulhar e voltar para a superfície, 25-27, exercício de reviver uma experiência do, 28-29; fluindo para o futuro, 190-191; como lar da espiritualidade, 115; chave para o, 23-25, visão geral do, 15-17; qualidades do, 17-18; visualizando o processo do, 21-28. *Veja também práticas específicas para ter acesso ao Rio Interior*
Rio subterrâneo. *Veja* Rio Interior
Ritmo da vida, registrando o, 13. *Veja também* Desacelerar; Cultura de velocidade
Ritual matutino, benefícios do, 59-62
Rogers, C., 123

S
Sabá, 53
Saint Francis and the Sow (Kinnell), 125-126
Salzburg, S., 122
Santidade, 115
Sarton, M., 16, 26, 55, 63, 177
Sensação de urgência, 20-21, 78, 119
Senso de objetivo, recuperando nosso, 187
Sentir profundamente, 182, 183, 188
Sereia e o monge, A, 16

Síndrome de a-grama-é-mais-verde, 148-149
Solidão versus solitude: suposições sobre, 62-64; importância de entender a, 55
Soluções que são parte do problema, 9, 15
Sonho Americano, O, 112
Sonhos, 114
Stanford University, 183
Subpersonalidades, trabalho com, 82-84, 206n6

T
Tecnologia dos computadores, efeito da, 9-10
Tecnologia, efeito da, 8, 9-10
Tempo: arranjar tempo para fazer algo que você adora, 171; crença bloqueadora sobre falta de, 42-45; arranjando, 64-67, 114; noção do, 10, 18, 140-141,167-168
The Illuminated Rumi (Barks), 155
The Wisdom of Solitude (Dobisz), 134
"The Work of Happiness" (Sarton), 177
Thich Nhat Hanh, 133, 136-137
Thoreau, H.D., 147
Time Shifting (Rechtshaffen), 32
Tirar o "deveria" da cabeça. *Veja também* Moderar suas expectativas sobre si mesma.
Transe de desmerecimento, vivendo em um, 6-7
Transtorno do Déficit de Atenção (TDA), 10-11
Traumas ou abusos na infância, 94, 207n1 (Cap. 6)

U
Uma coisa de cada vez, exercício, 152-153
University of Massachusetts Medical Center, 149
Untener, K., 31
Urgência, sensação de, 20-21, 78, 119
Utne Magazine, 3

V
Ventura, M., 10
Ver com novos olhos, 141-142
Vida cotidiana, praticar a presença na, 151-152
Vida exterior: ritmo de mergulhar e voltar para a superfície, 22, 25-27, 187-188; efeito da resiliência emocional na, 107; intrusão de nossa, 56; focar menos no exterior e mais no interior, 15-17, 22; padrão de fazer mais, 7
Vida simples, interesse pela, 8, 9
Vida, deixar um legado de respeito pela, 190-191

Visualização dirigida, 24
Visualização: exercício envolvendo, 82-84;
  dirigida, 24
Voz do crítico interno: reconhecendo a, 115-117,
  222; papel na desistência de uma paixão,
  165-166
Voz interior intuitiva, ouvindo a, 183, 186

W
Walden Pond, 147
Walljasper, J., 3

Walsh, R., 152
Wasserman, D., 7
Weber, R., 181
Wherever You Go, There You Are (Kabat-Zinn),
  134
Wilson, G., 148
Woodman, M., 113-114, 115

Z
"Zerrissenheit", 70-71
Ziegler, J., 181

Este livro foi composto na tipologia Gould Oldstyle,
em corpo 11.5/15, e impresso em papel off-white 80g/m²
no Sistema Cameron da Divisão Gráfica da Distribuidora Record.